CASAS DE VIDRO
GLASS HOUSES

EXPOSIÇÃO *CASAS DE VIDRO* | *GLASS HOUSES* **EXHIBITION**
Casa de Vidro, São Paulo, out. 2017 | October 2017
Elmhurst Art Museum, Elmhurst, jun./ago. 2018 | June-August 2018
Centro Carioca de Design, Rio de Janeiro, out./dez. 2018 | October-December 2018

Curador | Curator
Renato Anelli

Cocuradores | Co-curators
Ana Lucia Cerávolo
Sol Camacho

ENCONTRO NO MASP | MASP ENCOUNTER
Hilary Lewis
Lucia Dewey Atwood
Maurice D. Parrish
Renato Anelli
Scott Drevnig
Sol Camacho

LIVRO *CASAS DE VIDRO* | *GLASS HOUSES* **BOOK**
Organizadores | Editors
Renato Anelli
Sol Camacho

Prefácio | Preface
Barry Bergdoll

Coordenação editorial | Editorial staff
Abilio Guerra
Silvana Romano Santos
Fernanda Critelli

patrocínio / sponsorship   apoio / support

CASAS DE VIDRO
GLASS HOUSES

organizadores | editors
Renato Anelli
Sol Camacho

prefácio | preface
Barry Bergdoll

Romano Guerra Editora
São Paulo, 2018

É uma honra apresentar esta publicação que retrata a exposição *Casas de vidro*, organizada de outubro de 2017 a março de 2018 pelo Instituto Bardi.

Esta iniciativa é resultado da pesquisa da própria Casa de Vidro, sede do nosso instituto, para elaboração e desenvolvimento do plano de gestão e conservação, graças ao apoio do Programa Keeping it Modern, da Getty Foundation.

Renato Anelli, conselheiro do instituto, Sol Camacho, diretora técnica e curadora, e Ana Lúcia Cerávolo apresentam um estudo comparativo entre a casa da arquiteta Lina Bo Bardi e as renomadas casas do casal Eames, na Califórnia, de Philip Johnson, em Connecticut, e de Mies van der Rohe, em Illinois, como uma ferramenta para entender a própria história e futuro da Casa de Vidro.

As diversas similitudes entre essas estruturas icônicas do século 20, bem como entre os processos criativos dos autores e as vidas que se desenrolaram dentro delas, foram algo que surpreendeu e encantou.

A mostra ganhou importância ao trazer os diretores das casas americanas, que aceitaram o convite do Instituto Bardi para participar de uma série de reuniões de trabalho e encontros de estudos na FAU USP e no Masp, em outubro 2017. Durante essas conversas, foram discutidos pontos essenciais da gestão e conservação das casas e a missão de pesquisa e proteção dos acervos que reúnem o legado de importantes protagonistas da arquitetura moderna.

Após sua apresentação em São Paulo, a exposição viajou para o Elmhurst Art Museum, em Chicago, e para o Centro Carioca de Design, no Rio de Janeiro. Dessa forma, o Instituto Bardi reafirma sua missão de preservar e divulgar o pensamento e a obra de seus fundadores, Pietro e Lina Bardi, no cenário cultural nacional e internacional.

O Instituto Bardi agradece aos patrocinadores e apoiadores da exposição e desta publicação que representam uma importante contribuição ao universo arquitetônico.

Sonia Guarita do Amaral
Presidente do Conselho de Administração
Instituto Bardi / Casa de Vidro

It is an honor to present this publication that portrays the exhibition *Glass Houses*, organized from October 2017 to March 2018 by the Bardi Institute.

This initiative is a result of the research held by the Glass House, headquarters of our institute, in the context of developing a management and preservation plan under the support of the Keeping it Modern Program, of the Getty Foundation.

As strategy to understand the very history and future of the Glass House, Renato Anelli, the institute counselor, Sol Camacho, technical director and curator, and Ana Lúcia Cerávolo compared Lina Bo Bardi's house to three other world-renowned glass houses: the Eames House in California, Philip Johnson's in Connecticut and Mies van der Rohe's in Illinois.

The many similarities between these iconic structures of the 20th century, as well as the creative processes developed by their authors and the lives unfolded in their interiors has been surprising and captivating.

The exhibit gained importance by bringing the directors of the American houses who, under the invitation of the Bardi Institute, participated of a series of work-meetings and public gatherings at School of Architecture and Urbanism of São Paulo University – FAU USP and at São Paulo's Art Museum – MASP in October 2017. During these conversations, some of the fundamental aspects in maintenance and administration of the houses were discussed, as well as their research mission and the protection of the legacy left by some of the most notorious protagonists of modern architecture.

After being presented in São Paulo, the exhibition travelled to the Elmhurst Art Museum, in Chicago, and then to the Centro Carioca de Design, in Rio de Janeiro. Thus, reaffirming the position that the Bardi Institute occupies in preserving and spreading the mission set off by its founders, Pietro and Lina Bardi.

The Bardi Institute is very grateful for the support and sponsorship the exhibition and this publication have received, being an important contribution to the architectural universe.

Sonia Guarita do Amaral
President of the Executive Board
Instituto Bardi / Casa de Vidro

Ao termos a oportunidade de apoiar o Instituto Bardi / Casa de Vidro e patrocinar a exposição itinerante *Casas de vidro*, nós da AGC Brasil nos sentimos honrados e emocionados em colaborar com a manutenção de uma obra tão representativa da arquitetura latino-americana do século 20, criada pelo casal que também nos presenteou com muitos marcos posteriores, entre eles o Museu de Arte de São Paulo – Masp.

A exposição *Casas de vidro* possibilita a um grande número de pessoas conhecer a Casa de Vidro de Lina Bo Bardi em sua relação com três outras casas semelhantes. Casas que olham para fora e trazem, para dentro, um universo de vegetação, cores e luzes: "o fora está sempre dentro", como disse Le Corbusier.

Não há material construtivo mais poderoso do que o vidro, capaz de proporcionar o contato do interno com o externo sem influenciar ou corromper imagens. Somos apaixonados por vidro e nos sentimos orgulhosos de fazer parte dessa história.

Presente no Brasil desde 2013, com a inauguração de sua primeira linha de produção em Guaratinguetá, o Grupo Asahi Glass Company – AGC é líder mundial em produção de vidros planos e automotivos, além de produtos químicos e vidros especiais para telas eletrônicas e outras aplicações de alta tecnologia.

O grupo AGC, com seu mais de um século de inovação tecnológica, desenvolveu uma expertise de ponta na produção do vidro para responder às exigências dos clientes de hoje e de amanhã. Emprega milhares de colaboradores em suas unidades de negócio e plantas industriais, presentes em mais de trinta países. Em diversos lugares do mundo, a AGC apoia ações culturais e educativas e faz questão de participar dos desenvolvimentos regionais em todos os países onde mantém suas operações. No Brasil, com muito orgulho, expressamos por meio da Casa de Vidro nosso cuidado e nosso olhar para a cultura e a educação do país.

Grupo AGC

A Associação Brasileira das Indústrias de Vidro – Abividro representa a indústria vidreira do país, cujo mercado se divide em vidro plano (construção civil, automobilístico, movelaria etc.), embalagens, domésticos, técnicos e especiais.

Desde 11 de abril de 1962, a Abividro tem como objetivo promover e intensificar o conhecimento sobre o vidro por meio da sistematização de informações de todos os setores da cadeia produtiva, estimulando o contínuo aprimoramento técnico dessa atividade industrial e representando-a em todas as esferas de seu interesse.

Ao apoiar os projetos do Instituto Bardi para a Casa de Vidro, a Abividro estimula o desenvolvimento de uma cultura do vidro na arquitetura brasileira. Nessa casa, o vidro permite a integração completa da residência com o jardim tropical ao seu redor. O livro e exposição *Casas de vidro* inovam ao situar a casa de Lina Bo Bardi na arquitetura de vidro construída após a Segunda Guerra Mundial, mostrando o quão inovador foi o Brasil nesse período. Se fizemos uma obra dessa importância com a tecnologia daquela época, imaginem aonde podemos chegar com a que dispomos hoje.

Abivridro

Faced with the unique opportunity to support Instituto Bardi / Casa de Vidro and sponsor the traveling exhibition *Glass Houses*, AGC Brasil is pleased and honored to collaborate in maintaining a work of art as representative of the Latin-American architecture of the 20th century as this, created by a couple that has also presented us with many other milestones, amongst them the Museum of Art of Sao Paulo – MASP.

Named *Glass Houses*, this exhibition extends to a great amount of people the opportunity to get to know the Glass House of Lina Bo Bardi in its relation to three other similar houses. Houses that gaze into the outside and bring back into the inside an universe of colors, lights and vegetation: "the outside is always on the inside," as said by Le Corbusier.

There is no construction material more powerful than glass. It enables the contact of internal and external without influencing or severing images. We are very passionate when it comes to glass and we are proud to be a part of this story.

Present in Brazil since 2013, the date its first production line was inaugurated in Guaratinguetá, São Paulo's countryside, Asahi Glass Company – AGC Group is a world leader in the production of both flat glass and glass for automobiles, as well as chemical products, special glass made for electronic screens and other fields of application for technology.

AGC Group, with its more than a century worth of technical innovation, has developed an advanced expertise in glass production so as to attain the demands of clients from today and tomorrow. In more than thirty countries, the ACG Group employs thousands of collaborators in its industrial plants and business units. In several different places around the world, AGC supports cultural and educational initiatives and makes sure to participate in the regional development of all countries where it operations are carried out. In Brazil, we express with great pride through Lina Bo Bardi's Glass House our care and our attention to the country's culture and education.

AGC Group

The Associação Brasileira das Indústrias de Vidro – ABIVIDRO represents the country's glass industry whose market is divided into glass flat (construction, automobile, furniture etc.), packaging, household, as well as technical and specific areas.

Ever since 11th April 1962, ABIVIDRO strives to promote and intensify the production of knowledge about glass by systematizing information gathered from all sectors in the productive chain, by encouraging the business' continuous technical improvement and by representing it in all of his areas of interest.

By supporting Instituto Bardi's projects toward Lina Bo Bardi's Glass House, ABIVIDRO stimulates the development of a glass culture in Brazilian architecture. In this project, glass fulfills the house's complete integration with the tropical garden on the surroundings. The book and exhibition *Glass Houses* innovates by placing Lina Bo Bardi's house with the glass architecture built after the World War II, hinting to how much innovative was Brazil during this period. If we could have built such a work of art with the technology then available, you can only imagine how far we can reach, by using the one at our disposal today.

ABIVIDRO

índice | summary

PREFÁCIO | PREFACE 14 / 15
Barry Bergdoll

CASAS DE VIDRO | GLASS HOUSES 34 / 35
Renato Anelli

ENCONTRO NO MASP | MASP ENCOUNTER 100 / 101
Casa Eames | Eames House 100 / 101
A Casa Farnsworth de Mies van der Rohe | Mies van der Rohe's Farnsworth House 106 / 107
A Casa de Vidro de Johnson hoje | The Glass House Today 112 / 113
A construção de uma casa de campo: Philip Johnson e a Casa de Vidro |
The Making of a Country Place: Philip Johnson and the Glass House 114 / 115
Casa de Vidro | Glass House 118 / 119

A CASA COMO ESPAÇO EXPOSITIVO | THE HOUSE AS AN EXHIBITION SPACE 122 / 123

BIOGRAFIA DOS ARQUITETOS | ARCHITECTS' BIOGRAPHY 130 / 131

PREFÁCIO
Barry Bergdoll

A fachada que desaparece com o reflexo de grandes panos de vidro nasceu no mundo do comércio. Fez sua primeira aparição na maior estufa já construída, o colossal Palácio de Cristal de Joseph Paxton, na Grande Exposição de Londres em 1851. Por volta de 1900, os grandes planos de vidro já eram *de rigueur* na arquitetura metropolitana das lojas de departamento. As vitrines de múltiplos pavimentos para ampla exibição, com bordas de motivos florais – invenção de Frantz Jourdain para La Samaritaine em Paris, ou de Louis Sullivan para a loja de departamentos Schlesinger Mayer em Chicago, ambas da década de 1890 – logo cederam espaço às peles de vidro. Nelas, os caixilhos desapareciam ou passavam despercebidos pela visão periférica, em nenhum outro caso com mais força dramática senão na loja de departamentos Tietz de Bruno Sehring em Berlim, em 1900, ou nos Magasins Decré, projetados por Henri Sauvage em Nantes, em 1931. De todo modo, nesses imponentes penhascos metropolitanos de vidro, a transparência não era almejada unicamente em virtude de seu efeito estético, mas sim como parte de uma estratégia comercial. E era paradoxalmente unidirecional. Os mostruários cheios de produtos, a vista para o cenário da loja, possibilitada por planos de vidro mais amplos que a visão periférica, estavam ali para seduzir o cliente a entrar, para surpreendê-lo pela abundância de coisas à venda. O passeio de compras tornou-se um esporte de escolha das massas, deixando com isso de ser uma simples tarefa. Uma vez dentro da loja, a atenção do comprador não deveria mais se desviar para os prazeres da paisagem urbana, mas sim permanecer concentrada nas compras. Os produtos, e mesmo os manequins dispostos nas grandes vitrines de mostruário, impediam que as grandes janelas focalizassem as ininterruptas cenas da cidade com seu permanente dinamismo. Terraços dotados de visão panorâmica, dispostos no topo das lojas de departamentos – pensados para atrair o consumidor até ali, passando por andares e andares cheios de opções de compra – foram, em larga medida, um desenvolvimento posterior das décadas de 1920 e 1930, notoriamente quando Jourdain retornou a La Samaritaine, acrescentando à filial do Sena uma nova ala com terraço acessível. Por volta dessa mesma época, Gerrit Rietveld projetou a cúpula de visão panorâmica sobre os edifícios oitocentistas das lojas de departamentos Metz & Co. em Amsterdam. O Glaspaleis (Palácio de Vidro) em Heeren, nos Países Baixos, construído de 1934 a 1935 nos arredores de Aachen, cidade natal de Mies van der Rohe, talvez tenha sido a mais proeminente loja de departamentos em que o vidro serviu tanto para a exibição comercial quanto para o espetáculo urbano, uma relação recíproca que de fato pôs fim ao mundo internalizado dos fantasmagóricos bazares que eram as primeiras lojas de departamentos.[1]

Em residências unifamiliares, ou mesmo nos edifícios de apartamentos urbanos, a tensão entre permeabilidade e privacidade era a dinâmica que, por assim dizer, temperava o desenvolvimento da casa de vidro. A aclamada Maison

PREFACE
Barry Bergdoll

The façade that disappears in the glimmer of large sheets of glass was born in the world of commerce. It made its first appearance in the world's largest green house, Joseph Paxton's gargantuan Crystal Palace at London's Great Exhibition in 1851. By 1900 huge sheets of glass had become all but *de rigueur* in the architecture of metropolitan department stores. Multi-stories of broad display windows set in a floriated frames by Frantz Jourdain for La Samaritaine in Paris or by Louis Sullivan in the Schlesinger Mayer Department Store in Chicago, both of the 1890s, soon gave way to great curtain walls in which the frame either fell away or passed into oblivion in peripheral vision, nowhere more dramatically than in Bruno Sehring's Tietz Department Store in Berlin of 1900 or Henri Sauvage's Magasins Decré in Nantes of 1931. Yet in these towering metropolitan cliffs of glass, transparency was not pursued uniquely for aesthetic effect, but as part of a commercial strategy. And the transparency was paradoxically uni-directional. Display windows filled with goods, the vista into the stage set of the store via sheets of glass broader than peripheral vision was intended to lure the customer in, to overwhelm with the abundance of things to buy. Shopping was transformed into a spectator sport of desire, no longer simply a to do list of chores. Once inside the attention of the shopper was not to leak out into the pleasures of the cityscape but to remain focused on purchasing. The goods and even mannequins on display in the great show windows prevented these great windows from framing uninterrupted views of the urban scene in all its changing dynamism. Panoramic viewing terraces atop department stores – something to draw the customer up through floor after floor of items to purchase – were largely a later development of the 1920s and 1930s, notably when Jourdain returned to the Samaritaine adding a new wing to the Seine with an accessible roof terrace. Around the same time Gerrit Rietveld designed the panoramic viewing cupola atop the 19th century buildings of the Metz & Co. Department Store in Amsterdam. The Glaspaleis (Glass Palace) at Heeren in the Netherlands, built in the 1934-35 outside Mies van der Rohe's hometown of Aachen was perhaps the most prominent department store in which glass was as much for commercial display as for urban spectacle, a reciprocal relationship that effectively ended the internalized world of the phantasmagoric bazaar of the earlier department store.[1]

For the single-family house, or even the urban apartment building, the tension between permeability and privacy was the dynamic that tempered, so to speak, the development of the glass house. Pierre Charreau's famed Maison de Verre in Paris (1928-32) deployed translucent glass blocks on it's more public façade, itself discretely tucked into a Parisian courtyard. Few saw it since it had no public face. And even those invited to the house, or to the gynecological office on the ground floor, never saw through its glass brick façade into the domestic realm of the

Maison de Verre, Paris. Pierre Chareau, 1928-32
Maison de Verre, Paris. Pierre Chareau, 1928-32

de Verre em Paris (1928-1932), de Pierre Chareau, usou blocos de vidro translúcido em sua fachada mais pública, ela própria discretamente encaixada dentro de um pátio parisiense. Poucos chegaram a vê-la, já que não tinha qualquer face pública. E mesmo os que eram convidados a entrar na casa, ou no consultório ginecológico que se encontrava em seu piso térreo, nunca puderam enxergar o ambiente doméstico da família Dalsace através da fachada de espessos tijolos de vidro; sequer as sombras projetadas nas paredes externas comprometiam a privacidade familiar. A transparência completa estava reservada às porções privadas da casa, com visão privilegiada de um amplo jardim murado aos fundos. A sensacional House of Tomorrow, de Keck & Keck, na exposição *Century of Progress* em Chicago, de 1933, pode ter sido a mais ousada casa de vidro concluída antes da Segunda Guerra Mundial, levando o culto ao sol e à luz do dia, próprio à vanguarda modernista do período entreguerras, à exploração admiravelmente visionária da energia solar. Por um lado, a casa se beneficiava de ter sido criada para uma feira mundial – historicamente, um espaço de propostas experimentais em estruturas provisórias – e ser, portanto, uma casa sem moradores. Por outro lado, os arquitetos conceberam um sofisticado sistema de sombreamento do chão ao teto por trás de um exterior totalmente

Dalsace family, not even shadows played on the outside wall to diminish the family's privacy. Full transparency was reserved for the private quarters of the house commanding views of an ample walled garden behind. Keck & Keck's sensational House of Tomorrow at the 1933 *Century of Progress* exhibition in Chicago was perhaps the most daring transparent glass house realized before the Second World War, taking the cult of sun and daylight in interwar avant-garde modernism into a remarkably prescient exploration of solar energy. On the one hand the house took advantage of the fact that it was created for a world's fair – historically a place of experimental positions in temporary structures – and that it was thus a house without residents. On the other hand, the architects conceived a sophisticated system of floor-to-ceiling shades behind entirely glazed exteriors to both control the entry of direct sunlight and of unwanted voyeurs.

The remarkable quartet of glass houses analyzed in this exhibition – organized by Renato Anelli, Ana Lúcia Cerávolo and Sol Camacho at the Glass House in 2017 and subsequently shown at Mies van der Rohe's McCormick House at the Elmhurst Art Museum near Chicago in 2018[2] – has never before been conceptualized as a group. As relatives they are distant cousins with

The House of Tomorrow, Beverly Shores (cercanias de Chicago). George Fred Keck, 1933. Cartão postal do editor, impressor e fotógrafo Reuben H. Donnelley
The House of Tomorrow, Beverly Shores (near Chicago). George Fred Keck, 1933. Postcard by the editor, printer and photographer Reuben H. Donnelley

Loja de departamentos Schlesinger e Mayer, Chicago. Louis Sullivan, c.1890
Schlesinger and Mayer Department Store, Chicago. Louis Sullivan, c.1890

envidraçado para, a um só tempo, controlar a entrada de luz solar direta e o voyeurismo indesejado.

O extraordinário quarteto de casas de vidros analisado nesta exposição – organizada por Renato Anelli, Ana Lúcia Cerávolo e Sol Camacho na Casa de Vidro de Lina Bo Bardi em 2017 e, em seguida, exibida na McCormick House de Mies van der Rohe, parte do acervo do Elmhurst Museum, nos arredores de Chicago em 2018[2] – nunca havia sido apresentado enquanto conjunto antes. Como parentes, são primos distantes com notáveis semelhanças de traços, mas cada qual com sua personalidade distinta e seu sotaque local. A que se deve então essa súbita fascinação pela casa de vidro nos anos subsequentes à Segunda Guerra Mundial, quando a tecnologia retornou, junto com os soldados, do teatro da guerra, tornando possível uma busca ainda mais obstinada pela transparência? Em cada caso, os arquitetos se apropriaram do antigo sonho da casa como um belvedere de vidro, com plena permeabilidade entre interior e exterior, como um protótipo para toda uma nova relação entre habitação e natureza. Em três dos casos – a Casa Eames, a Casa de Vidro de Lina Bo Bardi e a Casa de Vidro de Philip Johnson –, os arquitetos estavam projetando para si mesmos. Assim como a cliente de Mies, Edith Farnsworth, os clientes/ocupantes/donos dessas radicais casas de vidro eram solteiros ou não tinham filhos. Acompanhava-os, no entanto, a disposição de abandonar parte do programa mais tradicional da casa para criar, em vez disso, um pouso em meio à natureza.

Casa Tugendhat, Brno. Mies van der Rohe, 1928
Tugendhat House, Brno. Mies van der Rohe, 1928

remarkably similar physical traits, even if each has the most distinct personality and local accent. What accounts then for the sudden fascination with the glass house in the years after World War II when technology returned along with soldiers from the theaters of war, making possible an ever greater pursuit of transparency? In each case the architects took up the old dream of the house as a glass belvedere with full visual permeability between interior and exterior as a prototype for a whole new relationship between dwelling and nature. In three of the cases – those of Charles and Ray Eames, Lina Bo Bardi and Philip Johnson – the architects were designing for themselves. Like Mies' client Edith Farnworth, the clients/occupants/owners of these radical glass houses were single or childless professional couples. In each case the house was accompanied by a willingness to abandon part of the most traditional program of the house to create a dwelling as a perch in nature.

Mies van der Rohe's projects – both realized and simply imagined – of the late 1920s and early 1930s were common reference points for all of these projects. Charles and Ray Eames had first worked on the design of their house in the context of John Entenza's famous and influential Case Study Houses program of the late 1940s, designing with Eero Saarinen an elevated glazed box which they called the Bridge House and which paid homage to Mies' sketch of c.1934 for a Glass House on a Hillside, probably one of many imagined

Os projetos de Mies van der Rohe do final dos anos 20 e início dos anos 30 – tanto os imaginados quanto os realizados – eram pontos de referência em comum para todas essas casas. Foi no contexto do famoso e influente programa das Case Study Houses de John Entenza, no fim dos anos 40, que Charles e Ray Eames trabalharam no projeto de suas casas pela primeira vez, desenhando com Eero Saarinen uma caixa de vidro suspensa que vieram a chamar Casa Ponte (Bridge House), uma homenagem ao esboço de Mies para uma Casa de Vidro na Montanha, concebido por volta de 1934 – provavelmente uma das muitas soluções que imaginou para o retiro que esperava construir para si mesmo no Tirol italiano, próximo à vizinha e neutra Suíça, depois de recuperar-se do trauma do assalto dos nazistas à Bauhaus de Berlim. É de fato uma pujante ideia essa nova atitude quanto à casa, um dispositivo de visão panorâmica para a natureza, mesmo quando nuvens tempestuosas estavam se aglomerando sobre a Europa por todos os lados daquela imaginária trégua de verão nos Alpes. Por anos Mies havia se dedicado a pensar o lugar da humanidade na natureza em um mundo cada vez mais conduzido pela tecnologia. De fato, eram as novas tecnologias do vidro e do aço que ofereciam as condições que possibilitaram imaginar uma casa que não impusesse barreiras visuais entre os ocupantes e uma desimpedida vista da natureza, ainda que os erguesse do solo, rompendo todo acesso físico direto ao mundo natural.

Vale a pena retomar brevemente aqui a evolução do pensamento de Mies sobre o vidro. Desde a década de 1920, ao menos em dois registros completamente diferentes, o arquiteto havia desenvolvido uma fascinação por esse material. Seu interesse compreendia tipos completamente diversos de técnicas de exposição, inventados por ele para projetar a nova dimensão experiencial de uma estrutura aberta, de construção em aço ou concreto, envolta predominantemente por grandes painéis de vidro. Depois que sua proposta submetida ao concurso de 1921 para o primeiro edifício alto de Berlim, na Friedrichstrasse, passou em silêncio, ele criou a famosa perspectiva na escala do pedestre. Nela, usou carvão oleoso para representar o vidro e imaginar qual seria a aparência de um arranha-céu completamente envidraçado. Foi como se a origem comum no carvão do vidro físico e de seu material de desenho oleoso conduzisse a uma afinidade natural entre as linhas negras e o material reluzente que era líquido antes de solidificar-se em folhas de transparência integral. Desde o primeiro momento, o vidro foi, para Mies, um material que falava de mudança perpétua, uma valência capaz de se alterar continuamente segundo a angulação do sol e a passagem das nuvens, sempre oscilando entre graus de transparência e opacidade. Embora haja razões para suspeitar que, no interior desse projeto para uma torre de escritórios, a estrutura das lajes de piso seria visível como um palimpsesto através das fachadas envidraçadas, Mies parece ter tido tão pouco interesse em animar esse edifício com vislumbres da atividade em seu interior quanto de povoar as ruas de Berlim, estranhamente desertas em seus polêmicos desenhos em grande escala para prédios de escritórios, feitos entre 1921 e 1923. Na intenção de estudar os efeitos da luz do sol e da sombra sobre uma fachada facetada de vidro para um segundo e curvilíneo arranha-céu em 1922, Mies chegou até mesmo a construir modelos de vidro, posicionando-os e reposicionando-os sobre o parapeito de seu estúdio em Berlim e fotografando os variáveis efeitos da luz sobre o modelo. "Eu arranjei as paredes de vidro formando pequenos ângulos entre si", ele escreveu, "para evitar a monotonia das enormes estruturas de vidro. Trabalhando com modelos de vidro reais, descobri que o mais importante é o jogo entre os reflexos, não o efeito da luz e da sombra, como ocorre em edifícios comuns [...]. À primeira vista, o traçado curvo da planta parece arbitrário. Essas curvas foram, no entanto, determinadas por três fatores: a iluminação suficiente no interior, o volume dos prédios vistos da

uild a retreat for himself in the Italian Tyrol of in
 after he retreated from the trauma of the Nazi's
haus. A new attitude towards a house that is a
or nature even as storm clouds were gathering
is imagined temporary respite during a summer
ed. For years Mies had thought hard about the
ace in nature in an increasingly technologically
 new technologies of glass and steel that were
ties for imagining a house that placed no visual
s and an all-encompassing vista of nature, even
d, breaking any direct physical access to the

oment to the evolution of Mies' thinking about
 been fascinated with glass in at least two
rs, their differences encompassed by the
splay techniques he invented to project the
an open structure of either steel or concrete
n large scale glass panels. To imagine what
might look like, in the famous walk-in size
bition purposes after his submission to the
 for Berlin's first high-rise building at
ed over in silence, Mies picked up greasy
 was as though the shared origins in coal
greasy drawing materials led to a natural
ering material that began as a liquid before
arity. Glass from the first for Mies was a
 about a valence that shifted continually
the passing clouds, oscillating continually
nd opacity. Although there are hints that
thin his projected office tower might be
e glazed façades, he had no more interest
iews of activity within than he did in
y empty in all of his large scale polemical
-23. To study the effects of sunlight and
 a second, curvilinear skyscraper design
ss, positioning and repositioning them
dio and photographing the changing
ss walls at slight angles to each other,"
overlarge glass surfaces. I discovered
that the important thing is the play of
l shadow as in ordinary buildings [...].
e plan seems arbitrary. These curves,
actors: sufficient illumination of the
iewed from the street, and lastly the
oration of the great sculptural mass
of a surface as it was a medium for
he unbuilt projects for the S. Adam
k and office building submitted to a
Mies developed a palate of different
transparency and opacity to create
could invite the viewer to look deep
k any peering eyes from activities

rua e, por fim, o jogo de reflexos".[3] Nessa exploração
de reflexos, o vidro era tanto um novo tipo de superfíc
para se conseguir desaparecimento e transparê
construídos de 1928, a loja de departamentos S. A
edifício de escritórios – este submetido a concurso em
uma paleta de diferentes tipos de vidros, com difere
opacidade, para criar fachadas nas quais, pela prim
convidar o pedestre a observar o interior de um edif
curioso às atividades nos andares superiores. A t
público com o banco ou as lojas no térreo; o vidr
interior dos escritórios uma luz sem nuances de sor
uma luz emprestada de outro ambiente para criar
Mies admirava em materiais como ônix, mármore

Inteiramente diversa foi a exploração do vidro r
fenestração generosamente dimensionada das j
e Lange, em Krefeld, Alemanha, Mies criou facha
levavam adiante a pesquisa em relacionar os esp
áreas ajardinadas ao redor e as vistas direcionac
o protótipo da casa como belvedere envidraçad
a Casa Tugendhat, em Brno (na então Tchecos
encomendada em 1928 e finalizada dois anos m
conhecida desde as *villas* da antiguidade e da ren
domésticos da casa. A *loggia* – um tipo de có
frequente nas agradáveis *villas* da renascença
como o Palazzo Farnesina, mas estavam se
principal dos cômodos; eram um tipo de espaço
que não era nem um cômodo dentro da *villa* ne
19, surgiu a moda de se adicionar cômodos e
no Novo Mundo, alpendres exteriores. Mas, co
uma fusão dos grandes cômodos destinado
com a possibilidade de se estar ao ar livre. Er
a ponta na face ajardinada da sala de esta
senkfenster, ou janelas que podiam ser inte
inferior, tornando possível abrir completame
o ar livre e a vista. A transparência podia ser
na qual o vidro liso da maior qualidade dis
uma abertura sem vidro. Aqui, a transpare
vidro; a fenomênica é a experiência quase
o invisível, capaz de bloquear o vento e al
da construção. O mesmo cômodo podia
simples apertar de um interruptor para ele
um trecho muito inclinado, o estar era um
família. O resultado era que a total transp
de fora para dentro, era de fato protegida
era íngreme demais para permitir algo m
trás da fachada de vidro. No lado da ca
jardim dos fundos do vizinho, Mies dispôs
criando o efeito de uma parede sanduío

Notoriamente, a Casa Tugendhat des
entre a nova arquitetura de aço e vidro
Mies usou uma estrutura totalmente en
Anos mais tarde, Grete Tugendhat des

on the upper floors. Transparency merged the public side walk with the shopping or banking within, opaque glass could create a shadowless light inside the offices even while it used borrowed light to create the type of luxurious surfaces Mies also admired in materials like onyx, marble, and mahogany in interiors.

Entirely different was the exploration of glass in the domestic sphere. Beginning with the amply dimensioned fenestration of the windows in the twin Esters and Lange Houses in Krefeld, Germany, Mies created garden façades where the fenestration continued the research into linking interior functions and spaces with spaces of the surrounding garden and directed vistas of the ambient landscape.[4] But the prototype of the house-as-glazed-belvedere came with his largest house, the Tugendhat House in Brno (then Czechoslovakia; today Czech Republic) commissioned in 1928 and finished two years later. Here the idea of the belvedere known since ancient and renaissance *villas* was merged directly with the domestic spaces of the house. A *loggia* – a type of outdoor rooms – was a frequent inclusion in the pleasure *villas* of the Renaissance, and even in such urban *Villa suburbana* as the Palazzo Farnesina, but it lay outside the main circuit of rooms, a type of indoor/outdoor space that was neither a room inside the *villa* nor a pavilion set in the garden. In the 19th century the fashion had developed of attaching glazed rooms, greenhouses, or even, in the New World, outdoor porches. But with the Tugendhat House glass allowed a merger of the great rooms for daily living and entertaining with the ability to be outdoors. Glazed floor to ceiling from end to end on the garden side of the main living room, the Tugendhat House famously included two *senkfenster,* or windows which could be allowed to drop into troughs below to open both the living room and dining room to the air and view. Transparency could be literal or phenomenal in a façade in which plate glass of the highest available quality was every bit of transparent as a framed glassless opening. Here the literal transparency is the complete absence of glass, phenomenal the nearly identical experience with a nearly invisible surface that breaks the wind and changes the temperature from one side to the other. The same room could be either indoors or outdoors with the flipping of a switch to raise or lower the windows. Set into a steeply sloped site, the main living floor was a full floor above the family's sweeping garden. The result was that the total transparency both out of and into the living space was in fact controlled from unwanted views from without. The garden was too slopped to allow anything but a view of the ceilings of the rooms behind the great glass façade. On the side of the house where views might come from a neighbor's back garden Mies placed a plant filled winter garden, creating in effect a wall of a sandwich of glass and greenery.

Famously the Tugendhat House ignited a controversy over the relationship between a new architecture of steel and glass – it was only the second time Mies had used a complete steel skeleton for a building – and domesticity. Years later Grete Tugendhat described working with Mies on the design for the new house she and her husband wanted to build on a site carved from the garden of their parent's *villa* in Brno: "the way he talked about his architecture gave us the feeling we were dealing with a true artist. He said, for instance, that the ideal measurements of a room could never be calculated; rather one had to feel the room while standing in and moving through it. He added that a house should not be built starting from the façade, but from the inside, and that windows in a modern house should no longer be holes in a wall but fill the space between the floor and the ceiling, thereby becoming elements of structure."[5]

a nova casa que ela e o marido queriam construir, em um local encravado no jardim da *villa* de seus pais, em Brno: "o modo como ele falava sobre sua arquitetura nos fazia sentir que estávamos lidando com um verdadeiro artista. Disse, por exemplo, que a metragem ideal de um cômodo jamais poderia ser calculada; era necessário sentir o cômodo, deixar-se estar por um tempo em seu interior, caminhar por ele. E acrescentou que a construção de uma casa não deveria começar pela fachada, mas sim por seu interior, e que as janelas na casa moderna não deveriam mais ser aberturas na parede e sim preencher o espaço entre o chão e o teto, tornando-se, portanto, elementos de estrutura".[5]

Toda a casa foi construída ao redor da espetacular vista do centro de Brno, dominada pelo perfil do Castelo de Spilberk, que coroava a cidade. Chegando à Casa Tugendhat, localizada em um subúrbio residencial voltado para o centro da cidade, essa vista se revela discretamente enquadrada por uma passagem aberta no bloco da casa, entre os principais cômodos de estar, à esquerda, e a garagem, à direita. A arquitetura da casa é agora também um enquadramento da cidade, capturando uma verdadeira vista de cartão postal. De fato, era muito parecida com os cartões postais disponíveis aos turistas. Essa vista desaparece, naturalmente, conforme os visitantes são recebidos por detrás da parede de vidro translúcido da escada e são convidados a descer para o piso de estar principal encaixado no terreno da colina. Chegando ao andar inferior, a vista reaparece, mas agora em amplas proporções, expandida, como um verdadeiro diorama. Em termos fotográficos, passa-se da arte da perspectiva fotográfica enquadrada à arte do diorama, onde a paisagem se esparge por uma longa superfície horizontal, o teto servindo ainda como uma espécie de visor, permitindo à paisagem assumir proporções imponentes ao compartilhar o espaço com uma vista apenas parcial do céu. Aqui a arquitetura transforma-se em um conjunto habitável de variáveis lentes, mudando de acordo com a perspectiva de quem percorre o amplo espaço aberto da sala principal da Casa Tugendhat. Fritz Tugendhat, por sua vez, encantou-se com a invenção da câmera de filmar amadora e pediu a Mies que inserisse uma tela para projeção de filmes como parte do pavimento principal. Uma que pudesse ser abaixada e receber as imagens projetadas tão logo a imponente vista do jardim e do panorama da cidade desaparecesse com o sol poente.[6]

A casa como um belvedere, como um instrumento para se enquadrar e intensificar a visão e a experiência que alguém pode ter da natureza, algo que seja ao mesmo tempo continuidade de nossa existência humana, porém distanciado o suficiente para que se possa contemplá-lo, torná-lo objeto de reflexão: esse foi um verdadeiro fio condutor do pensamento de Mies ao longo desses anos. Quando irrompeu a controvérsia com os críticos que questionavam "Pode alguém viver na Casa Tugendhat?", Greta Tugendhat esboçou, nas páginas da *Die Form*, o periódico da German Werkbund, uma consideração sobre o funcionamento de sua morada, refletindo sobre a vida em seu interior bem como sobre as vistas que lhe garantia. "O que o arquiteto nos proporcionou?", ela perguntou. "Um importante sentimento de existência. [...] Eu nunca havia experimentado os cômodos de uma casa como se eles possuíssem *pathos* [é o que o crítico Roger Ginsburger havia dito em uma resenha, criticando o *luxo imoral* da grande sala em vidro] Eles me parecem amplos e austeramente simples – não em um sentido diminuído, mas sim em um sentido libertador [...]. Pois assim como nesta sala todos podem ver cada flor sob uma luz diferente, cada obra de arte nos fornece uma impressão mais forte que a seguinte (por exemplo, uma escultura diante de uma parede de ônix), objetos e pessoas se destacam com mais clareza contrapostos a este pano de fundo". E ela prosseguiu explicando que "não é possível obter uma impressão verdadeira desta casa por fotografias. É necessário mover-se pelo espaço, seu ritmo é como o de uma música". Por fim, explicou, em termos que poderiam ser

The entire house was built around the spectacular view of the city center of Brno in the distance, dominated by the spiked profile of the Spilberk Castle which crowned the city. Arriving at the Tugendhat House in a residential suburb facing the city center this view is discovered discreetly framed by a passage cut through the block of the house between the main living quarters on the left and the garage on the right. The architecture of the house now becomes also a type of urban frame, capturing a veritable postcard view. In fact, it was remarkably close to postcards available to tourists to the city. That view disappears, of course, as visitors are greeted behind the translucent glass wall of the house's stair and are invited to descend to the main living floor tucked into the hillside site. Arriving a floor below the view reappears but now as a broad expanse, a veritable diorama. In photographic terms one passes from the art of the framed photographic view to the art of the diorama where a landscape is flattened on to a long horizontal surface, the ceiling still serving as a kind of visor allowing the landscape to assume commanding proportions as it shares the view with only a partial view of the sky. Here was architecture turned into a habitable set of varying lens, changing of course with the ambulant viewer in the large open space of the Tugendhat House's great room. Fritz Tugendhat in turn delighted in the new invention of the home movie camera and asked that Mies insert a screen for projecting films as part of the main floor. It could be lowered to project images once the commanding view of the garden and cityscape disappeared with the setting sun.[6]

The house as belvedere, as an instrument to frame and intensify one's views and experience of nature as both part of a continuum with our human existence and yet as something that might be distanced enough to contemplate it and reflect upon it was a leitmotif of Mies' thinking in these years. As a controversy erupted with critics raising the question "Can one live in the Tugendhat House?" Greta Tugendhat penned an appreciation of the staging of both interior life and of views in her new house in the pages of *Die Form*, the journal of the German Werkbund. "What has the architect given us?" she asked. "An important feeling of existence. [...] I have never experienced the rooms as possessing *pathos* [as the critic Roger Ginsburger had said in a review criticizing the *immoral luxury* of the great glass room] I find them large and austerely simple – however, not in a dwarfing but in a liberating sense [...]. For just as one sees in this room every flower in a different light and as every work of art gives a stronger impression (e.g. a sculpture in front of an onyx wall), individuals too and others stand out more clearly against such a background." And she went on to explain that "one cannot obtain an impression of this house from photographs. One has to move in the space, its rhythm is like music." And finally she explained, in terms that could apply to each of the four houses from the years on either side of 1950 brought together in this volume, "the connection between interior and exterior is indeed important, but the large interior space is completely closed and reposing in itself, with the glazed wall working as a perfect limitation. Otherwise, too, one would find that one would have a feeling of unrest and insecurity. But the way it is, the large room – precisely because of its rhythm – has a very particular tranquility, which a closed room could never have."[7]

Mies had created then with the Tugendhat house a space and a place that had the same quality of continual oscillation between transparency and privacy, between enclosure and liberation, between containing and releasing, that would be the theme in very different personal and contextual approaches

aplicados a cada uma das quatro casas concluídas nos limiares da década de 1950 e reunidas nesta edição, que "a conexão entre interior e exterior é de fato importante, mas o amplo espaço interior é completamente fechado e repousa sobre si mesmo, com as paredes envidraçadas funcionando como um perfeito limite. Do contrário, haveria um sentimento de insegurança e inquietude. Mas tal como é, a grande sala – precisamente devido a seu ritmo – tem uma tranquilidade muito peculiar, que um cômodo fechado jamais poderia ter".[7]

Com a Casa Tugendhat, Mies havia criado um espaço e um lugar que possuíam a mesma qualidade de oscilação contínua entre transparência e privacidade, entre resguardo e libertação, entre retenção e fluidez que seria tema das diferentes abordagens, pessoais e contextuais, em cada casa considerada nesta edição. Cada uma das residências, por outro lado, daria novo impulso a um debate sobre se o vidro era compatível com o primordial sentimento de moradia como separação do mundo, um abrigo contra a natureza.

Em 1937, Mies fez uma primeira viagem exploratória aos Estados Unidos. Seu principal foco de interesse foi a chance de pôr em prática seu conceito de casa como uma espécie de caixa habitável em treliça estrutural – desta vez uma encomenda para Helen e Stanley Resor, em um local espetacular que compreendia um riacho nas proximidades de Jackson Hole, Wyoming. Os Resor eram colecionadores de arte e conselheiros do jovem Museu de Arte Moderna – MoMA, cujo diretor Alfred Barr lhes recomendara Mies van der Rohe, arquiteto que Philip Johnson vinha promovendo no museu desde sua primeira mostra em 1932, dedicada ao estilo internacional. No projeto para os Resors, Mies criou a imagem de uma arquitetura em que o desenho arquitetônico da estrutura era recuado, permitindo que o conceito do espaço fosse conduzido pela captura fotográfica da vista panorâmica, a ser enquadrada por um tipo de inserção da casa na paisagem que operasse quase como a visão de uma câmera, na grande tradição americana da fotografia de espaços heroicos do Oeste. Em vez de projetar a elevação exterior da casa, Mies desenhou uma combinação de perspectiva e elevação interior na qual a estrutura é responsável por criar o espaço interno, mas a vista da paisagem, retirada de uma fotografia, substitui a fachada de vidro transparente. Aquilo que havia sido desenhado com carvão para as estruturas urbanas de Berlim na década de 1920 agora era uma colagem usando uma fotografia perfeita. O vidro tinha oscilado da imprevisibilidade dos reflexos para uma transparência crível. A arquitetura feita de *beinahe nichts* (quase nada) é também a arquitetura em que a natureza se torna literalmente um dos blocos de construção, como um pouso para os ocupantes humanos terem a experiência de seu lugar no domínio natural mais amplo. Mesmo depois que a encomenda foi cancelada, Mies continuou a trabalhar nela. Liberto da restrição que o obrigava a reutilizar as fundações de um projeto já iniciado por outro arquiteto, Mies criou o modelo de uma casa como uma perfeita caixa, com superfícies vítreas extensas sobrepujando os suportes de madeira e revestindo a estrutura. Em vez da vista real, ele agora inseria uma vista das montanhas de Grand Teton, a fim de substituir com isso a paisagem mais pastoral que corre ao longo do Rio Snake, área onde de fato se encontrava o rancho dos Resors.

À época, uma ampliação monumental do esboço para uma Casa nas Montanhas (Mountain House) de Mies e as maquetes da Casa Resors e da nova encomenda de uma casa às margens do Rio Fox em Illinois para a doutora Edith Farnsworth foram incluídas na mostra que Mies organizou para si mesmo no MoMA, em 1947. Seu sonho de uma casa de vidro foi compartilhado por toda uma categoria de arquitetos. Charles Eames, que tiraria fotos provocativas das instalações de Mies no museu, já vinha trabalhando em colaboração com sua esposa e parceira, Ray Eames, e com Eero Saarinen em projetos para o programa Case Study Houses

in each of the houses considered in this volume. Each of these houses was in turn to again ignite discussion about whether glass was compatible with the primordial feeling of dwelling as a separation from the world, a shelter from nature.

In 1937 Mies made a first exploratory trip to the United States, focused around the possibility of grafting his concept of a house as a type of habitable box truss, now for a spectacular site spanning a stream near Jackson Hole, Wyoming for Helen and Stanley Resor. The Resors were art collectors and trustees of the young Museum of Modern Art – MoMA, whose director Alfred Barr recommended that they work with Mies van der Rohe, who Philip Johnson had been championing at the museum since its first show devoted to the International Style in 1932. In the design for the Resors Mies created an image of architecture where the architect's drawing of structure retreated to allow the concept of space to be carried by the photographic capturing of the panoramic view to be framed by the insertion of the house into the landscape almost like a view camera from the great tradition of American photography in the heroic spaces of the country's west. Rather than draw the exterior elevation of the house, Mies drew a combination interior perspective/interior elevation in which structure creates interior space but the landscape view taken from a photograph replaces the façade of transparent glass. What had been drawn in charcoal for urban structures in Berlin in the 1920s was now collaged with a perfect photograph, glass had oscillated from unpredictably reflective to reliably transparent. The architecture of *beinahe nichts* (almost nothing) is also the architecture in with nature literally becomes one of the building blocks of the house as a perch for human occupants to experience their place in a larger natural realm. Even after the commission was cancelled Mies continued to work on it. Liberated from the constraints of reusing foundations from a project already begun by another architect Mies created a model of the house as a perfect box with expansive surfaces of glass outweighing the timber supports and cladding of the structure. In place of the real view he now inserted a view of the Grand Teton mountains in place of the views of the more pastoral landscape along the Snake River which was the real site of the Resors' ranch.

By the time a monumental blow up of Mies' van der Rohe's Mountain House sketch and models of both the Resor House and his newly commissioned house on the banks of the Fox River in Illinois for Dr. Edith Farnsworth were included in the show Mies designed of his own work at MoMA in 1947, his dream of a glass house was shared by a whole cadre of architects. Charles Eames, who would take provocative photographs of Mies' installation at the museum, had already been working in collaboration with his wife and partner Ray Eames and with Eero Saarinen on designs for the Case Study Houses program organized by John Entenza, editor of *Arts & Architecture* magazine. Several of these took up the idea of the house as a bridge over the landscape that Mies had explored in the 1930s, although their debt to Mies was ultimately filtered through a very different sensibility about assembly and site once they built their own house in 1949 in a meadow overlooking the Pacific Ocean at Pacific Palisades, near Los Angeles. Johnson was at work then on his own glass house for a beautiful open site he had acquired at the edge of New Canaan, Connecticut, even while having himself photographed in conversation with Mies in the MoMA galleries standing before a large photo mural of the Tugendhat House, Mies' most important realized house to date, now lost to both its clients and to visits from curator or architect in communist Czechoslovakia. Lina Bo

organizado por John Entenza, editor da revista *Arts & Architecture*. Muitos deles adotavam a ideia de uma casa como ponte sobre a paisagem, que Mies havia explorado na década de 1930, embora sua influência tenha sido em última instância filtrada por uma sensibilidade muito diferente quanto à montagem e à locação quando os Eames construíram, em 1949, sua morada em um prado com vista para o Oceano Pacífico em Pacific Palisades, nos arredores de Los Angeles. Johnson estava então trabalhando em sua própria casa de vidro, a ser instalada em uma bela área aberta que havia adquirido nos limites de Nova Canaã, Connecticut, mesmo tendo ele próprio sido fotografado conversando com Mies nas galerias do MoMA, diante de um grande mural de fotos da Casa Tugendhat, a mais importante casa realizada por Mies até aquele momento, mas então perdida tanto para os clientes quanto para as visitas de curadores e arquitetos na Tchecoslováquia comunista. Lina Bo Bardi foi a exceção, já que conhecia o trabalho do norte-americano apenas por publicações. A fim de fazer uma nova descoberta da paisagem do Novo Mundo, ela contribuiu com sua própria tradição nativa italiana, a do sonho radical de uma arquitetura completamente envidraçada – a vítrea fachada traseira da Casa Electrica de Figini e Polini, uma casa para exibição, montada especialmente como encomenda para a bienal de Monza, em 1930, e amplamente divulgada em publicações, ou a contemporânea Vila Girassol (Villa Girasole), próxima a Verona.

    Enquanto a casa de vidro fora introduzida como um conceito na Europa antes da guerra, sua concretização foi claramente um fenômeno do Novo Mundo pelas mãos de dois arquitetos emigrados, Mies van der Rohe e Lina Bo Bardi, que foram desafiados e liberados pelo encontro com as Américas, por três profissionais nativos – Charles e Ray Eames e Philip Johnson – ansiosos que estavam para reformular o caminho da arquitetura na América. Se tanto o Brasil quanto os Estados Unidos haveriam de experimentar um enorme boom de construção na década subsequente à Segunda Guerra Mundial, que trazia à ordem do dia a questão dos novos protótipos para edificações de toda espécie, acompanhada por grandes renovações na construção de habitações, as quatro casas de vidro que surgiram entre 1945 e 1951 foram todas projetos personalizados, destinados aos próprios arquitetos ou, no caso de Farnsworth, a uma cliente excepcional, que logo sentiu como se tivesse se permitido ser o veículo para a casa dos sonhos de um arquiteto. Foram as análises desenvolvidas por Renato Anelli e sua equipe que, pela primeira vez, possibilitaram comparar o modo como cada arquiteto resolveu os problemas técnicos na combinação de grandes extensões de vidro com uma estrutura de aço meramente visível para criar casas que parecem caixas de vidro em vez de estrutura e preenchimento. Experimentos compartilhados, as casas propiciam fascinantes comparações na variedade de ideias sobre o repensar do próprio programa de uma casa. Tal como acontecera na Casa Tugendhat, cada um dos arquitetos desse quarteto do pós-guerra aboliu de uma só vez a compartimentalização dos espaços segundo funções para criar, por exemplo, salas de estar e de jantar fechadas, privilegiando sugestões mínimas que estabelecessem zonas de uso na casa, amplamente definidas pelo mobiliário, tanto o construído *in loco* como o que pode ser deslocado. Em cada residência, a caixa vítrea contém um único espaço mais amplo – um descendente da grande sala das portentosas casas de campo, aqui removido de um programa maior e elevado a uma forma cristalina e a um modo mais descontraído de viver. Em cada caso, uma natureza espetacular disponível fornece uma vista panorâmica, similar ao papel de parede miesiano, capaz de substituir as ausentes *paredes* da grande sala.

    Até que ponto o programa integral de uma casa, a situação complexa de se viver sozinho ou em casal – já que não havia crianças em nenhuma dessas residências –, ou mesmo a questão do entretenimento, podem ser contempladas totalmente pela pura geometria de um receptáculo de vidro? Com exceção da Casa Farnsworth,

Bardi was the exception, since she knew the North American work only through publication. She brought here own native Italian tradition of radical dreams of a fully glazed architecture – the great glazed rear façade of Figini and Polini's Casa Electrica, an exhibition house mounted for the biennale at Monza in 1930 and widely published, or the contemporary Villa Girasole near Verona – to the discovery of the landscapes of the new world.

While the glass house had been advanced as a concept in Europe before the war, as this exhibition and publication makes clear its realization was distinctly a new world phenomenon in the hands of two emigre architects – Mies van der Rohe and Lina Bo Bardi – challenged and liberated by their encounter with the Americas and by three native born practitioners – the Eames and Philip Johnson – eager to reset the path of architecture in the New World. While both Brazil and the United States were to experience enormous building booms in the decade after World War II, making the issue of new prototypes for buildings of all sorts the order of the day, accompanied by a great new for new housing, the four glass houses that emerged between 1945 and 1951 were all bespoke designs, either for the designers themselves or, in the case of Farnsworth, for an exceptional client who soon felt as though she had allowed herself to be the vehicle for the architect's dream project. The analyses developed by Renato Anelli and his team allow for the first time a comparative analysis of how each of the designers resolved the technical issues of combining huge expanses of glass with minimal visible steel structure to create houses that appear as transparent boxes rather than frame and infill. Shared experiments the houses provide fascinating comparisons of the range of ideas about rethinking the very program of a house. As in the Tugendhat House, each of the designers in this post-war quartet at once abolishes the compartmentalization of spaces by functions to create enclosed living and dining rooms, for instance, in favor of more minimal cues that provide zones of use in the house, defined largely by furniture, both built in place and movable. In each house the glazed box contains a single great space – a descendant of the great room of grand country houses here removed from a larger program and elevated to a crystalline form and a more relaxed way of living. In each case a spectacular nature at hand provides the panoramic view, the Miesian wall paper as it were, that substitutes for the absent *walls* of the great room.

To what extent can the entire program of a house, the complex nature of living alone or in a couple – since there were no children in any of these houses – and of entertaining be entirely contained in the pure geometries of a glass vessel? Except for the Farnsworth House, none of the houses was the only structure created for its site. Johnson's Glass House should not be divorced from the pendant Brick House which is an integral part of this designs tight interweaving of abstract geometric forms with the creation of outdoor space through landscape design. The opaque *yang* to the glass house's *ying*, the Brick House not only housed private bedrooms for Johnson and his guests, it also sets up the dynamic asymmetries of a loose courtyard scheme on this house set on a green lawn atop a gentle precipice. No less is Lina Bo Bardi's Glass House a study in contrasts between the elevated glass belvedere entered from below and the attached service quarters which viewed from the level crest of the hill appear more like a vernacular Brazilian house than a radical experiment in transparent living. Here are the kitchen, bedrooms, and service areas of a house. The Eames House too formed a composition with its studio, allowing a dense packing of service spaces into a pendant structure. The Farnsworth House alone was a unitary free-standing object,

nenhuma das casas foi a única estrutura a ser planejada para seu terreno. A Casa de Vidro de Johnson não pode ser separada da contígua Casa de Tijolo, parte integral de seu projeto, que teceu uma relação estreita entre formas geométricas abstratas e a criação de espaços externos através do projeto paisagístico. Como o opaco *yang* para o *ying* da casa de vidro, a Casa de Tijolo não apenas abrigou quartos privativos para Johnson e seus convidados, como também compôs as assimetrias dinâmicas de um esquema aberto de pátio na casa, instalado sobre um gramado verdejante, bem ao topo de um leve precipício. Em não menor medida, a Casa de Vidro de Lina Bo Bardi é um estudo sobre contrastes entre o elevado belvedere de vidro no qual se ingressa por baixo e o anexo de serviço, que, vistos à altura da crista da colina, parecem mais uma vernácula casa brasileira do que um radical experimento de vida transparente. No anexo estão cozinha, quartos e área de serviço. A Casa Eames também formava uma composição com seu estúdio, permitindo uma densa compactação de áreas de serviço em uma estrutura em duas partes. A Casa Farnsworth foi um objeto unitário e autônomo, elevado a 1,6 metros do solo. Mas também ela compreendia uma oposição entre uma caixa fechada e uma plataforma aberta – originalmente equipada com telas para limitar um quarto externo livre de mosquitos – compartilhando o mesmo teto e piso.

Em todos os casos, implantadas de forma a controlar as visitas e para serem invisíveis aos eventuais olhares curiosos, as casas foram ao mesmo tempo altamente privadas e objeto de muita publicidade. A Casa Farnsworth se tornaria uma *cause célèbre* incontáveis vezes; primeiro quando os jornais de Chicago noticiaram, no outono de 1951, que a doutora Edith Farnsworth havia entrado com um processo contra o arquiteto; e, com dramaticidade ainda maior, quando Elizabeth Gordon, autointitulada tutora do bom gosto da classe média norte-americana, escolheu a casa de vidro como o então mais recente exemplo de "ameaça à América do futuro" em sua revista sobre estilo de vida, *House Beautiful*. O risco a que se referia viria da arquitetura modernista dos emigrantes da Bauhaus alemã que, ela sentia, haviam ludibriado muitos americanos com um estilo de arquitetura alheio ao gosto e à tradição dos Estados Unidos. Sua campanha contra Gropius, Breuer e Mies se estenderia por anos a fio na revista onde a autora promovia não só modos tradicionais de projeto como a causa da arquitetura orgânica professada por Frank Lloyd Wright, então em sua quinta década de atividade. Não menos mistificadora para o público foi a Casa de Vidro de Philip Johnson, que da noite para o dia recebeu publicidade devido a sua ousada inserção de uma caixa de vidro, sem cortinas ou véus protetores, na paisagem suburbana de New Canaan, cada vez mais um subúrbio de banqueiros conectado à cidade de Nova York por uma estrada de ferro e por novas rodovias. Terminada a casa, o que seria um fim de semana privado para Johnson tornou-se uma verdadeira demonstração do amor do arquiteto por publicidade. A revista *Life*, um dos semanários ilustrado mais lidos do período, publicou a seu respeito um artigo – repleto de charges de jornais que apresentavam multidões tentando espiar através do vidro da nova curiosidade local –, mostrando que a casa era "o mais atual tema de conversa na arquitetura americana".[8] Um ano mais tarde, Johnson publicou um artigo na respeitada revista londrina *Architectural Review*. Nele, explicava a lista completa de referências históricas e experiências que havia mobilizado como um conjunto de palimpsestos transparentes, em uma construção que parecia, à primeira vista, um exercício de geometria pura, com seu cilindro de tijolos aparentes assimetricamente equilibrados em uma armação retangular de aço preenchida com vidro.[9]

Enquanto Johnson cultivou a notoriedade de sua casa, os demais arquitetos estavam menos dispostos a controvérsias. O projeto de Lina Bo Bardi para a casa que construíra para si mesma e para o marido Pietro ficou sendo, em larga medida, um retiro privado, um belvedere disposto acima da altura das árvores (hoje elas

raised five feet off the ground. But it too had an opposition between an enclosed box and an open platform – originally equipped with mesh screens to enclose an outdoor room free of mosquitos – sharing a common floor and roof.

Sited in each case both to command visits and to be invisible from peering eyes, the houses were at once intensely private and the subject of a great deal of publicity. The Farnsworth House was to become a *cause célèbre* over and over again; first when Chicago newspapers reported that Dr. Edith Farnsworth had brought a law suit against the architect in the autumn of 1951. But even more dramatically when Elizabeth Gordon, self-proclaimed taste maker for middle class America through her life style magazine *House Beautiful* took up the glass house as the latest example of "The Threat to the Next America" posed by the modernist architecture of the foreign emigres from the German Bauhaus who she felt had hoodwinked too many Americans with a style of modern architecture alien to American taste and tradition. Her campaign against Gropius, Breuer, and Mies was to continue for several years in the magazine as she increasingly took up not only traditional design modes, but equally the cause of the organic architecture professed by Frank Lloyd Wright, now in his fifth decade of practice. No less mystifying for the public was Philip Johnson's Glass House, which received overnight publicity for its daring insertion of a glass box with no protecting drapes or curtains into the suburban landscape of New Canaan, increasingly a banker's suburb connected to New York City by railroad and new highways. Scarcely finished the house, a private weekend for Johnson, became a veritable show case for the architect's love of publicity. *Life* magazine, one of the most widely read illustrated weeklies of the period, published an article about it – replete with cartons from the daily newspapers of the crowds trying to peer through the glass of this instant local curiosity – noting that the house "is the current conversation piece of U.S. architecture."[8] (A year later Johnson published an article in the highly respected *Architectural Review* of London explaining the full catalogue of historical references and experiences that he had compiled like a set of transparent palimpsests in a building that appeared at first glass an exercise in pure geometry with its sleek brick cylinder asymmetrically poised in a rectangular glass filled steel frame.[9]

While Johnson cultivated the notoriety of the house, the others were less eager for controversy. Lina Bo Bardi's design for a house for herself and her husband Pietro remained largely a private retreat, a belvedere set above the trees (today they have grown to enclose it) with views to the distant skyline of Sao Paulo. Although Lina Bo Bardi's fascination with Mies' drawings are evident in her own drawings for her future house, it is in many ways quite distinct from the three U.S. houses of the same years. On the site of a former tea plantation, Lina Bo Bardi set out to restore the primordial dense foliage of the Mata Atlântica, a canopy of trees in which the house would float. Whereas Johnson later referred to his treatment of nature as "wallpaper" and cultivated a pristine lawn as a pedestal for his house, Lina created two internalized court yards in the house which bring the vegetation right up and into the house. The dense forest is not distant but proximate. Unlike the American examples which externalize entirely their structure to create a great room free of interruptions the Casa da Vidro sets up a deliberate dialogue between natural growth and the thin columns that rhythm the interior of the space, itself a showcase for the eclectic collection of high and folk art, for new and old furniture, for things from the old country and from the new world. In this Lina Bo Bardi's creation seems as much a highly individualized and contextualized

cresceram a ponto de envolvê-la) com vistas para a distante linha do horizonte de São Paulo. Embora a fascinação de Lina Bo Bardi pelos desenhos de Mies seja evidente em seus próprios desenhos para a futura casa, ela difere significativamente das três casas americanas da mesma época, em vários aspectos. No espaço antes ocupado por uma extensa plantação de chá, Lina Bo Bardi propôs-se a restaurar a densidade da antiga Mata Atlântica, um dossel de copas de árvore sobre o qual a casa flutuaria. Enquanto Johnson referiu-se mais tarde a seu tratamento da natureza como "papel de parede" e cultivou um irretocável gramado como pedestal para sua casa, Lina criou dois pátios interiores que conduzem a vegetação diretamente para cima e para dentro da residência. A densa floresta não está distante, mas sim próxima. Ao contrário dos exemplos norte-americanos, que exteriorizam inteiramente sua estrutura para criar uma grande sala ininterrupta, a Casa de Vidro de Bardi instaura um deliberado diálogo entre crescimento natural e as estreitas colunas que dão ritmo ao interior do espaço, ele mesmo uma vitrine para a eclética coleção de arte erudita e popular, para os móveis novos e antigos, para objetos de seu antigo país e do Novo Mundo. Nesse sentido, a criação de Lina Bo Bardi parece mais uma intepretação altamente individualizada e contextualizada dos primeiros desenhos de Mies van der Rohe, especialmente de seus desenhos para o pavilhão de Barcelona, em que a coluna sem base ou capitel interligando o chão ao teto fornece uma medida para a estatura do corpo humano que ocupa o espaço. No entanto, mais importante que isso, trata-se do único exemplo no qual o design em forma de "U" para o belvedere de vidro cria um caleidoscópio de vegetação em constante mudança, tanto no interior quanto no exterior da caixa, em uma das extremidades do espaço vista através do pátio exterior intrometido. Com efeito, é uma máquina caleidoscópica que permite vislumbrar um espetáculo muito mais rico e cambiante de artefatos naturais e manufaturados pelo homem; precursora das práticas museológicas da própria Lina Bo Bardi, talvez em última instância mais próxima em espírito às casas dos Eames enquanto enquadramento contínuo para a vida e para a criação, ambas concebidas como trabalho em progresso. Nesse sentido, mesmo que o exemplo de Mies seja inescapável, parece haver mais afinidades eletivas entre Lina, Charles e Ray Eames. O que é fascinante nesse exercício de diálogo imaginário entre quatro criações ímpares é que o conjunto nos permite descobrir continuamente novos aspectos e dimensões dessas casas separadas por milhares de quilômetros, mas por apenas alguns anos.

Notas

1. GRAATSMA, William Pars. *Glaspaleis Schunck, Heerlen, Nederland 1935, Frits Peutz Architect*. Nuth, Rosbeek Books, 1996.
2. BERGDOLL, Barry. *Mies van der Rohe's McCormick House*. Catálogo de exposição. Elmhurst, Elmhurst Art Museum, 2018.
3. Mies van der Rohe, *Frühlicht*, v. 1, n. 4, 1922, p. 122-124. Tradução em: NEUMEYER, Fritz. *The Artless Word: Mies van der Rohe on the Building Art*. Cambridge, MIT Press, 1991, p. 240. Tradução livre.
4. Ver BERGDOLL, Barry. The Nature of Mies' Space. In RILEY, Terence; BERGDOLL, Barry (Orgs.). *Mies in Berlin*. Nova York, The Museum of Modern Art, 2001, especialmente p. 87-90.
5. TUGENDHAT, Grete. On the Construction of the Tugendhat House. IN HAMMER-TUGENDHAT, Daniela; TEGETHOFF, Wolf. *Ludwig Mies van der Rohe: The Tugendhat House*. Viena/Nova York, Spring, 2000, p. 5. Tradução livre. Palestra de 17 jan. 1969, reimpressa e traduzida do alemão (para o inglês).
6. Idem, ibidem.
7. TUGENDHAT, Grete. *Die Form,* n. 11, 15 nov. 1931, p. 431-437. Reimpresso em: HAMMER-TUGENDHAT, Daniela; TEGETHOFF, Wolf. Op. cit., p. 35. Tradução livre.
8. *Life Magazine*. 26 set. 1949. Tradução livre.
9. House at New Canaan, Connecticut. *Architectural Review*, v. 108, n. 645, 1950, p. 152-159.

interpretation of the earlier drawings of Mies van der Rohe, notably his drawings of the Barcelona pavilion in which the column that links floor and ceiling with no base or capital provides a gauge for the human body occupying the space. But most importantly it is the only example where the "U" shaped design of the glass belvedere provides an ever changing kaleidoscope of the greenery both outside and inside the box, of one end of the space seen through the intervening exterior courtyard. Indeed it is a kaleidoscope machine for viewing a much richer changing spectacle of artifacts both natural and manmade, a forerunner of Lina Bo Bardi's own museological practices, perhaps in the end closer in spirit to the Eames houses as a continual frame for life and making as a work in progress. In this regard there seem to be more elective affinities between Lina and Charles and Ray Eames even if Mies' example is inescapable. What is of course fascinating about the exercise here of brining these four unique creations into dialogue is that the group continually allows us to discover new aspects and dimensions of these houses separated by thousands of miles yet only a few years.

Notes

1. William Pars Graatsma, *Glaspaleis Schunck, Heerlen, Nederland 1935, Frits Peutz Architect* (Nuth: Rosbeek Books, 1996).
2. Barry Bergdoll, *Mies van der Rohe's McCormick House* (Elmhurst: Elmhurst Museum of Art, 2018).
3. Mies van der Rohe, *Frühlicht* 1, no. 4 (1922): 122-124. Translation in: Fritz Neumeyer, *The Artless Word: Mies van der Rohe on the Building Art* (Cambridge: MIT Press, 1991), 240.
4. See Barry Bergdoll, "The Nature of Mies' Space," in: *Mies in Berlin,* edited by Terence Riley and Barry Bergdoll (New York: The Museum of Modern Art, 2001), especially 87-90.
5. Grete Tugendhat, "On the Construction of the Tugendhat House," lecture of 17 January 1969, reprinted and translated from the German (into English) in: Daniela Hammer-Tugendhat and Wolf Tegethoff, *Ludwig Mies van der Rohe: The Tugendhat House* (Vienna/New York: Spring, 2000), 5.
6. See Hammer-Tugendhat and Tegethoff, *Ludwig Mies van der Rohe*.
7. Grete Tugendhat, *Die Form* 11, November 15, 1931, 431-37. Reprinted in: Hammer-Tugendhat and Tegethoff, *Ludwig Mies van der Rohe*, 35.
8. *Life Magazine*, September 26, 1949.
9. "House at New Canaan, Connecticut." *Architectural Review* 108, no. 645 (1950): 152-59.

CASAS DE VIDRO
Renato Anelli

A arquitetura de vidro se desenvolveu unindo técnica e cultura em uma mesma proposição, não como mero produto do avanço dos métodos construtivos. Tal vínculo duplo é abordado na exposição *Casas de vidro*, em quatro edificações erguidas na metade do século 20 que constituem momentos relevantes dessa arquitetura. A transparência nessas casas buscou a integração visual com os jardins e paisagens nas quais estão inseridas. Seus volumes, com ao menos três faces envidraçadas, inverteram a relação das estufas construídas desde o século 18 na Europa, nas quais as coberturas transparentes retinham o calor do sol e permitiam o cultivo de plantas exóticas no clima frio. A evolução do jardim de dentro para o jardim ao redor levou mais de um século.

A construção das quatro casas apresentadas na exposição, entre 1945 e 1952, coincidiu com o centenário das primeiras grandes obras de arquitetura compostas por delgados perfis de ferro e placas de vidro. Foi na metade do século 19 que as técnicas construtivas das estufas começaram a ser aplicadas em estações, mercados, lojas e pavilhões expositivos. A novidade permitiu ao público experimentar um novo tipo de espaço, criado pela transparência e imaterialidade dos fechamentos.

O primeiro grande marco referencial dessa arquitetura foi o Palácio de Cristal, construído em 1851 no Hyde Park, em Londres, para abrigar a Grande Exposição de Trabalhos da Indústria de Todas as Nações (Great Exhibition of the Work of Industry of All Nations). Foi recebido com ressalvas por John Ruskin, expoente da cultura romântica inglesa, que o usou para marcar uma linha divisória entre engenharia e arquitetura.[1] Apesar de reconhecer que a gigantesca estrutura teria empolgado multidões de visitantes, argumentou que a obra carecia de "poesia e arte", não passando de uma "engenhosidade mecânica" similar a grandes trabalhos admiráveis, como "uma fragata ou uma ponte tubular".[2] Tal avaliação contrastava com a interpretação de Lothar Bucher, um jornalista alemão que escreveu:

> Ao contemplarem o primeiro grande edifício que não correspondia a uma construção sólida de alvenaria, os espectadores logo se deram conta de que os padrões pelos quais a arquitetura era até então avaliada não valiam mais. [...] Vemos uma delicada rede de linhas, sem qualquer indício que nos possibilite avaliar a que distância estas linhas se encontram do nosso olho, ou seu tamanho real. [...]
> Se direcionarmos nosso olhar para baixo, deparamos com as nervuras azuis da estrutura. Primeiro, estas ocorrem somente a amplos intervalos; depois, enfileiram-se cada vez mais próximas, até que são interrompidas por uma faixa de luz ofuscante – o transepto – que se dissolve num fundo distante onde toda a materialidade se funde na atmosfera...[3]

GLASS HOUSES
Renato Anelli

Glass architecture developed by fusing culture and technique into a single proposition. It is far from being a mere by-product of advances in constructive methods. In the exhibition *Glass Houses*, this double bond is approached in four edifications built around the half of the 20th century, all of which are significant moments of glass architecture. Transparency in these houses pursues visual integration with garden and landscape in their areas of edification. Comprising at least three glazed faces, their volumes have inverted the relation of greenhouses that have been constructed in Europe since the 18th century, where transparent roofing retain the sun's heat, enabling therefore the growing of exotic plants in cold climate. The evolution that brought inside gardens to the outside took more than a century.

The construction of the four houses presented in the exhibition, extending from 1945 to 1952, concurred with the centennial of great architecture designs composed by thin iron sections and glass sheets. It was in middle of the 19th century that the greenhouse construction techniques were first applied in stations, markets, stores and pavilions for exhibitions. The novelty enticed the public to experience a new kind of space, created by a new transparency and immateriality of the enclosures.

This first significant milestone for this architecture was the Crystal Palace built in 1851 at the Hyde Park in London to foster the Great Exhibition of the Work Industry of All Nations. It has met reservations on the part of John Rushkin, a champion of English romantic culture who used it to draw limits between architecture and engineering.[1] Despite recognizing the gigantic structure would enthrall visiting crowds, he argued that the work lacked "poetry and art," being no more than a "mechanical ingenuity" akin to some admirable constructions, "a screw frigate, or a tubular bridge" for instance.[2] An appreciation certainly was adverse to Lothar Butcher's perception, a German journalist who wrote:

> When spectators laid their eyes on the first tall building that didn't correspond to a construction of solid masonry, they soon realized that patterns for architecture evaluation had lost their value. [...]
> We perceive the delicate web of lines without having any evidence of the distance that would make it possible for us to evaluate how far they are from our eyes or even their actual size. [...]
> If we direct our eyes downwards, then we stumble with blues streaks in the structure. At first they occur only separated by large intervals; but then they start approximating almost to the point of forming a line, only to be suddenly interrupted by a stripe of dazzling light – the transept – which dissolves on a distant background where all materiality dissembles into the atmosphere...[3]

Marshall Berman nota como essa leitura de Bucher interpreta a "tendência da matéria sólida a se decompor e dissolver como o fato básico da vida moderna" no início da segunda metade do século 19.[4] Os avanços materiais e construtivos não se limitaram a dar novas potências ao trabalho humano. Eles configuraram um novo conjunto de experiências compartilhadas pelos homens e mulheres em todo o mundo. Ao lado da "promessa de aventura, poder, alegria, crescimento, autotransformação e transformação das coisas ao redor" a modernidade "nos despeja a todos num turbilhão de permanente desintegração e mudança".[5]

A condição de instabilidade de um mundo em rápida transformação permitiu ao mesmo tempo a perspectiva de emancipação e a angústia da destruição. O confronto entre avanço da indústria, simbolizado pelos grandes edifícios em ferro e vidro, e a resistência do artesanato, com os movimentos de artes e ofícios, pautou o debate arquitetônico da segunda metade do século até sua última década, quando surgiram os movimentos de arte nova – jugendstil na Alemanha, secession na Áustria, art nouveau na França e na Bélgica – explorando o vidro e o ferro na construção de um novo sistema formal. Sem adotar a plena abstração geométrica do Palácio de Cristal, mas se liberando da referência aos estilos históricos, artistas como Henry van de Velde e Victor Horta desenvolveram princípios formais baseados na dinâmica das linhas no espaço. O resultado foram obras nas quais os elementos em ferro e vidro se movimentam para envolver as pessoas.

O processo produtivo das artes novas estava concentrado nos artesãos formados nas escolas de artes e ofícios, que produziam objetos, ornamentos e construções sofisticadas. Em um primeiro momento, não estava na pauta a produção serial. Tanto projeto como produção eram sob demanda, elaborados para um consumo restrito, de público especial.[6] A existência de demanda por produtos sofisticados vinda de um público mais amplo, de menor poder aquisitivo, gerou uma cadeia produtiva industrializada, que rapidamente incorporava as novas formas em imitações baratas.

A Deutscher Werkbund (Federação Alemã do Trabalho), criada em 1907 na Alemanha, tinha como objetivo justamente incorporar a qualidade estética das artes novas à escala da produção em série, para qualificar o produto industrial alemão no mercado internacional. Nela se reuniram empresários, industriais, artesãos, artistas, arquitetos e intelectuais. Entre eles, o caso de Peter Behrens é exemplar. Tendo iniciado a carreira como arquiteto e artista decorativo na colônia artística de Darmstadt, abandonou seus traços jugendstil para incorporar-se ao desenho de produto e de edifícios industriais do complexo Allgemeine Elektricitäts Gesellschaft – AEG. Foi nessa condição que produziu em 1908-1909 a Fábrica de Turbinas, na qual as fachadas com enormes planos de vidro eram estruturadas por delgados perfis metálicos em disposição de grelha geométrica. Pouco depois, de 1911 a 1914, seu estagiário Walter Gropius projetou o prédio de escritório da Fagus Werk, onde os planos de vidro e perfis metálicos se encontraram nas quinas do volume, esvaziando radicalmente a materialidade das paredes de alvenaria que costumam conferir solidez à construção exatamente nesse ponto.

Em julho de 1914, às vésperas da eclosão da Primeira Guerra Mundial, a exposição da Deutscher Werkbund, em Colônia, apresentou dois pavilhões que apontavam direções distintas para o uso do vidro. Um deles foi projetado pela dupla Walter Gropius e Adolf Meyer; o outro, por Bruno Taut. O pavilhão de Gropius e Meyer propunha uma fábrica modelo, em que a edificação principal aprofundava a transparência da Fagus Werk. Um plano contínuo de vidro, sustentado por finos perfis metálicos, cruzava toda a fachada no primeiro pavimento, dobrando-se nas extremidades para proteger as escadas em caracol. A interpretação de Giedion sobre a obra foi clara ao destacar a transparência e a leveza obtidas com o uso do vidro como as principais características da nova arquitetura:

Marshall Berman noticed how this description by Bucher is in fact an interpretation of a basic fact in modern life in the first half of the 19th century: "the tendency of solid material to decompose and melt as the basic fact of modern life."[4] Advances in material and construction were not limited to forging new experiences of human labor. They configured a new set of experiences shared by men and women all over the world. In addition to "promises us adventure, power, joy, growth, transformation of ourselves the world," modernity "pours us all into a maelstrom of perpetual disintegration and renewal."[5]

The condition of instability in a world undergoing quick transformation at the same time gave rise to a prospect of emancipation and an anguish for destruction. The antagonism between industrial progress epitomized by tall buildings of steel and glass and the resistance it met on the behalf of several tendencies of crafts and arts defined the architecture debate, from the half of the century to its last decade. It is the precise moment when a number of New Arts movements originated by exploring glass and iron to invent a new formal system – Jugendstil in Germany, Secession in Austria, Art Nouveau in France and Belgium. Without adopting the full geometrical abstraction of the Crystal Palace, but breaking loose from all reference to historical styles, artist such as Henry van de Velde and Victor Horta developed formal principles based on the dynamic of lines in space. The result was constructions whose elements of steel and glass budged to embrace the visiting person.

The productive process in these New Arts was restrained to educated artisans educated by arts and crafts schools, who produced objects, ornaments and sophisticated constructions. At first, serial production was out of the question. Project and production were elaborated on demand for a restrict amount of consumers, a special public.[6] The existence of a demand coming from a larger and less abounding public generated an industrialized productive chain that rapidly incorporated the new forms in inexpensive replicates.

A number of initiatives grew from this new productive process. The objective of the Deutscher Werkbund, formed in Germany 1907, was precisely to incorporate the aesthetical level of the New Arts into the international market. For no other reason it attracted several executives, industrials, artisans, artists, architects and intellectuals. Among them, Peter Behren is perhaps the most prototypical. While beginning his career as an architect and decorative artist in the art colony of Darmstadt, he abandoned his former Jugendstil in order to venture into forging a concept for product and building design to the Allgemeine Elekricitäts Gesellschaft – AEG complex. It was under these conditions that he produced in 1908-1909 the Turbine Factory whose façades in enormous sheets of glass were structured by thin metallic sections disposed as geometric grids. Soon after, from 1911 to 1914, his trainee Walter Gropius designed the Fagus Werk's office building, in which sheets of glass and metallic sections meet the volume's corners, utterly excluding the materiality of masonry walls that, especially in this area of the edifice, most commonly provides the construction with support.

In June 1914, on the eve of World War I outbreak, the Deutscher Werkbund exhibition in Cologne presented two pavilions whose use of glass pointed in two different directions. One of them was projected by partners Walter Gropius and Adolf Meyer; the other, by Bruno Taut. Groupius and Meyer's pavilion displayed a factory model whose main construction took forward the transparency of Fagus Werk. A continuous glass plain sustained by thin metallic sections traversed the entire façade by the first floor, making a fold at the extremities as protection for spiral staircases. Giedion's assessment for this work made sure to highlight the transparency and the lightness obtained by the use of glass as one of the main characteristics of new architecture:

> Os nossos sentidos – escravos dos hábitos adquiridos ao longo dos séculos – buscam automaticamente os apoios dos elementos em balanço, como essas escadas. A nova concepção de espaço, com sua propensão para componentes e superfícies suspensas no ar, nos leva justamente a uma direção oposta. Busca-se o tipo de sensação estética que só existe quando a relação entre carga e apoio não é mais óbvia.[7]

O Pavilhão de Vidro (Gläserne Haus), projetado por Bruno Taut, contrastou violentamente com a objetividade inerente ao projeto de Gropius. Sua cúpula de vidro multifacetada, sobre uma base circular de concreto, abrigava um percurso ritual dos visitantes por uma sala revestida com vidros coloridos e painéis de artistas expressionistas. No centro, uma cachoeira era iluminada por feixes de luz colorida que variavam a cada vinte segundos, criando um ambiente onírico: uma concepção em que poesia e utopia se complementavam. A cenografia poética se sobrepôs à função comercial, apesar de se tratar de um pavilhão para as indústrias de vidro alemãs.[8] Taut se inspirou em Paul Scheerbart, provocativo pensador alemão que defendia a arquitetura de vidro como instrumento para a fundação de uma nova cultura:

> Nós vivemos a maior parte do tempo em espaços fechados. Eles formam o ambiente de onde nossa cultura cresce. Nossa cultura é, em certo sentido, produto da nossa arquitetura. Se nós quisermos elevar nossa cultura para níveis mais altos, nós teremos de mudar nossa arquitetura, para o bem ou para o mal. E isso só será possível se nós removermos o caráter de enclausuramento dos espaços dentro dos quais vivemos. Isso só pode ser feito através da introdução da arquitetura de vidro, que permite a luz do sol e a luz da lua e das estrelas dentro das salas, não meramente através de poucas janelas, mas simultaneamente, através do maior número possível de paredes feitas inteiramente de vidro – vidro colorido. O novo ambiente criado trará com ele uma nova cultura.[9]

A polarização entre expressionismo e objetividade construtiva seria superada no início da década seguinte, após a derrota da Alemanha na Primeira Guerra Mundial e a consolidação da República de Weimar. Ambas as correntes fariam a reconstrução alemã convergir para o movimento nova objetividade (Neue Sachlichkeit). O desenvolvimento da Bauhaus sob a direção de Gropius daria nova consistência para as palavras de Scheerbart. O vidro, estruturado pelo aço, deveria perder a fantasia do cristal, tão cara a Taut em 1914. Nas palavras de Walter Benjamin, "um material frio e sóbrio" e "inimigo do mistério", que permitiria a liberdade de "espaços em que é difícil deixar rastros".[10] Referia-se ao estribilho de Bertolt Brecht, "apaguem os rastros" do interior do salão burguês, lugar de acúmulo de bibelôs que não fariam mais sentido para a nova sociedade. A cultura do vidro, interpretada pela nova objetividade, seria essencialmente revolucionária. Portanto, não parece coincidência que Lina Bo Bardi, anos mais tarde, viesse a escrever que cada casa de Vilanova Artigas "quebra todos os espelhos do salão burguês".[11]

A história seguiu outra direção, e a escalada do nazismo, seguida da destruição causada pela Segunda Guerra Mundial, devolveu às Américas a primazia na construção dessa nova cultura. Mies van der Rohe, Walter Gropius e alguns dos principais arquitetos alemães se refugiaram nos Estados Unidos, enquanto o Brasil desenvolvia sua própria posição na arquitetura moderna.

As contribuições de Le Corbusier ao projeto de Lúcio Costa para o Ministério da Educação e Saúde Pública – Mesp no Rio de Janeiro enfatizaram a potência das fachadas de vidro para a integração com a paisagem. Os brise-soleil nas fachadas

> Our senses – enslaved by habits developed across the centuries – automatically seek for support in balancing elements, such as stairs. The new conception of space, with its penchant to adopt components and suspended surfaces, suggests precisely the opposite. It strives for the kind of aesthetic sensation that exists only when the relation between burden and support is no longer taken for granted.[7]

The Glass Pavilion (Gläserne Haus) projected by Bruno Taut was in violent contrast with the intrinsic objectivity of Gropius's project. It had a multifaceted glass dome over a circular concrete base to shelter the ritual trajectory of visitors through a room coated with colored glass and panels elaborated by expressionist painters. Right in the center, a waterfall was illuminated by colored light-flares with intensity varying in every 20 seconds, in order to create a dreamlike environment: a concept in which poetry and utopia complemented one another. Poetic scenography overlapped with commercial function, despite the fact that it was a pavilion originally intended for glass industries.[8] Taut was inspired by Paul Scheerbart, the provocative German thinker who advocated glass architecture as an instrument to the foundation of a new culture:

> We live for the most part within enclosed spaces. These form the environment from which our culture grows. Our culture is in a sense a product of our architecture. If we wish to raise our culture to a higher level, we are forced for better or for worse to transform our architecture. And this will be possible only if we remove the enclosed quality from the spaces within which we live. This can be done only through the introduction of glass architecture that lets the sunlight and the light of the moon and stars into our rooms not merely through a few windows, but simultaneously through the greatest possible number of walls that are made entirely of glass – coloured glass. The new environment that we shall thereby created must bring with it a new culture.[9]

The polarity between expressionism and construction objectivity would be surpassed in the beginning of the next decade after Germany's defeat in World War I and the consolidation of Weimar Republic. Both lines would cause the reconstruction of Germany to converge to the New Objectivity (Neue Sachlichkeit). Bauhaus's development under the intendancy of Gropius would bring new consistency to the words of Scheerbart. Structured by steel, glass would eventually give up the crystal fantasies still nurtured by Taut in 1914. In Walter Benjamin's words it was "a cold and sober material," an "enemy of secrets," giving rise to the liberty of "rooms in which it is hard to leave traces."[10] Benjamin hinted to Bertolt Brecht's refrain "erase the marks" whose context was the bourgeois salon, a room filled with knick-knacks that would cease to make any sense to the new society. Interpreted by New Objectivity glass culture would be essentially revolutionary. Hence why there is hardly a coincidence when Lina Bo Bardi, many years later, would write that every house by Vilanova Artigas "breaks every mirror in a bourgeois salon."[11]

But history went to another direction and the escalade of Fascism, followed by the general destruction in World War II, restituted America to its former protagonism during the reconstruction of this culture. Mies van der Rohe, Walter Gropius and some of the main architects seek exile in the United States, while Brazil developed its own position in modern architecture.

Le Corbusier's contributions in Lúcio Costa's project for the Rio de Janeiro's Ministry of Education and Public Health – MESP emphasized the capability of

ensolaradas e a abertura plena da fachada oposta situariam o habitante do edifício em meio à paisagem, conforme os croquis de Le Corbusier.

Lina Bo Bardi declarou várias vezes que uma das razões de sua mudança para o Brasil após a guerra foi a liberdade oferecida por sua arquitetura. Descreveu seu entusiasmo com a visão do Ministério "navegando sobre o mar em céu azul-claro" enquanto a Europa estava destruída. Não por acaso construiu sua casa com pisos azul-celeste, vedada por planos de vidro de chão a teto, abertos para a paisagem dos morros paulistanos. Foi a única casa brasileira que recebeu a alcunha de Casa de Vidro.

A seleção das casas apresentadas na exposição permite analisar a Casa de Vidro de Bardi em relação a outras três casas contemporâneas a ela, todas concebidas em função da transparência das fachadas. A relação da obra de Mies van der Rohe (especialmente a Casa Farnsworth) com a Casa de Vidro (Glass House) de Philip Johnson traz semelhanças no uso de grandes planos de vidro nas fachadas, ainda que a organização dos ambientes internos para permitir a transparência seja distinta. Menos óbvia para a comparação por não ter os grandes planos de vidro na fachada, a Casa Eames apresenta similaridades com a casa dos Bardi pelo modo como apresenta a coleção de obras de arte em seu interior e pelo caráter experimental da construção das fachadas transparentes. Em todas as casas, é claro o papel da paisagem e do jardim comandando a concepção da arquitetura.

A exposição apresenta as quatro casas em sua relação com os sítios onde foram implantadas, oferece interpretações sobre os esboços de desenvolvimento dos projetos e aponta as especificidades de suas características técnicas construtivas através de desenhos analíticos e maquetes produzidas por pesquisadores. Há também notas sobre cenas do uso cotidiano dessas edificações, relacionando clientes e arquitetos. Na Casa Eames e nas casas de vidro de Johnson e Bardi, expectativa do cliente e obra executada coincidiram. Na Casa Farnsworth, no entanto, houve a decepção da proprietária e seu conflito judicial com Mies van der Rohe, embora ele fosse, entre os quatro arquitetos, o mais experiente na construção de uma arquitetura de vidro a partir das premissas de Scheerbart.

Sobrevivendo como casas-museu, essas quatro casas de vidro testemunham um momento de aposta radical na renovação dos modos de habitar e viver. Despojada de qualquer sinal tradicional de proteção, a arquitetura de vidro lançou seus moradores em um vertiginoso mergulho em direção a novos valores para a vida moderna. O despojamento dos interiores e a liberdade de viver junto à natureza – jardim e paisagem – fascinam aqueles que visitam as casas, oferecendo-lhes uma intensa amostra da experiência do que um dia foi a promessa de aventura da modernidade.

Ministério da Educação e Saúde Pública, Rio de Janeiro. Lúcio Costa, Oscar Niemeyer, Affonso Eduardo Reidy, Jorge Machado Moreira, Ernani Vasconcellos e Carlos Leão, 1935-45
Ministry of Education and Public Health, Rio de Janeiro. Lúcio Costa, Oscar Niemeyer, Affonso Eduardo Reidy, Jorge Machado Moreira, Ernani Vasconcellos and Carlos Leão, 1935-45

Ministério da Educação e Saúde Pública, Rio de Janeiro. Lúcio Costa, Oscar Niemeyer, Affonso Eduardo Reidy, Jorge Machado Moreira, Ernani Vasconcellos e Carlos Leão, 1935-45
Ministry of Education and Public Health, Rio de Janeiro. Lúcio Costa, Oscar Niemeyer, Affonso Eduardo Reidy, Jorge Machado Moreira, Ernani Vasconcellos and Carlos Leão, 1935-45

glass façades to integrate interior to landscape. According to Le Corbusier's sketches, the brise-soleil installed on the façades and the complete openness on the opposite façade would place the building's inhabitant right in the middle of the landscape.

Lina Bo Bardi has stated several times that one of the reasons for her post-war departure to Brazil was the freedom offered by the country's architecture. She once described her enthusiasm while seeing the Ministerial building like if one was "navigating the seas under a light-blue sky," as meanwhile Europe was being destroyed. Not by chance did she build her house with celestial-blue flooring, sealed from top to bottom by planes of glass providing an open glance into the landscape formed by São Paulo's hills. Her house is the only one that received a Glass House alias.

The sample of houses presented in this exhibition has granted us the opportunity to confront Lina Bo Bardi's Casa de Vidro [Glass House] with three of its contemporary houses, all of which conceived bearing in mind the role of façades to assure transparency. By comparing Johnson's Glass House and Mies van der Rohe's Farnsworth House, one notices the use of large sheets of glass in the façades, even if the disposal of internal areas to yield transparency is quite different. Not as obvious a comparison, given the absence of large sheets of glass in façades, is the Eames House, which presents similarities with the Bardis' by building interiors fit for displaying art collections, as well as the experimental quality in the construction of glazed façades. In all houses, the leading role of landscape and garden to the architectural conception is evident.

The exhibition presents all four houses in relation with the sites they were implanted in. It also offers interpretations for sketches from each design project and indicates the specificities of their technical constructive characteristics, using analytical drawings and scale-models produced by researchers. In addition to that, relating clients and architects, there are also notes about the actual daily use of these edifications. In the Eames House and in Johnson's and Bardis's glass houses, the expectations of both client and the resulting work converged. The Farnsworth House unleashed the client's disappointment and the lawsuit against Mies van der Rohe, although he was, amongst all four, the most experienced in glass architecture based on the premises of Scheerbart.

Surviving nowadays as museum-houses, these four glass houses have witnessed a period of radical faith in renewal of lifestyles and habitudes. Stripped from all signs of the traditional protective space, glass architecture has thrown their occupants into a vertiginous dive in search of new values for modern life. The interior's divestment and the freedom of living close to the nature – garden and landscape – mesmerize those who visit the houses, presenting them with a compelling sample of the experience of that which once has been the adventurous promise of modern architecture.

Estudo para uma casa de vidro na montanha, possivelmente em Merano, Alto Àdige, Itália. Mies van der Rohe, 1934.
Study for a glass house on a hill side, possibly in Meran, Alto Adige, Italy. Mies van der Rohe, 1934

As casas de vidro e a paisagem

O croqui elaborado por Mies van der Rohe em 1934 para uma casa nas montanhas do Tirol do Sul, na Itália, define um volume de vidro que se destaca da encosta e oferece a seus moradores um plano elevado de observação para a paisagem. Seu partido arquitetônico é similar ao dos estudos para as casas de Philip Johnson, Lina Bo Bardi e Charles e Ray Eames. A divulgação do projeto da casa nas montanhas, assim como dos desenhos e maquete da casa Farnsworth, ocorreu pelo catálogo e exposição de Mies no MoMA de Nova York, organizados por Johnson em 1947. Johnson referiu-se diretamente a essa casa ao intitular uma série de esboços para sua casa de vidro como: "Mies Mountain Home". A existência de um exemplar do catálogo da exposição na biblioteca do Masp, doado por Pietro Maria Bardi, evidencia que a obra de Mies também era conhecida pelo casal. A possível exceção entre as quatro casas da exposição é a Casa Eames, cujo projeto, publicado em dezembro de 1945, antecede em dois anos a exposição do MoMA. Nos pés da folha da casa dos Bardi há estudos de arranjos de pedra a serem colocados no jardim enquanto as novas árvores cresciam.

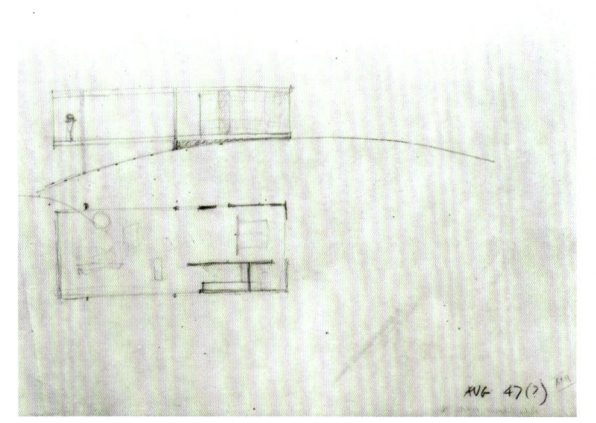

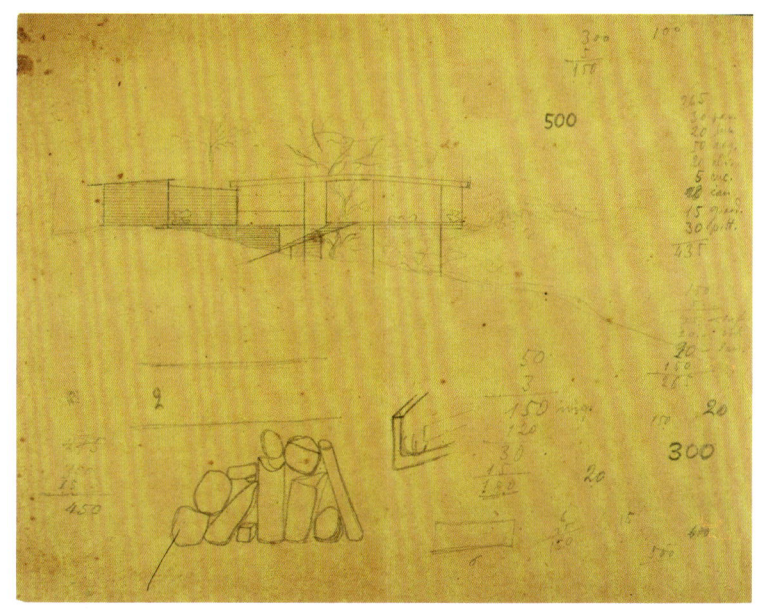

Glass Houses and Landscape

Elaborated by Mies van der Rohe in 1934, the sketch for a house up in the mountains of South Tirol, Italy, defines a glass volume standing out of the hillside, with a plane located on a higher level, so residents will have a spot for landscape contemplation. Its partners in architecture are other house-studies by Phillip Johnson, Lina Bo Bardi, Charles and Ray Eames. Much like in the case of the drawings and scale-models for the Farnsworth House, the disclosure of this project happened on the catalogue and exhibition dedicated to Mies at the MoMA, New York, organized by Johnson in 1947. Johnson had made direct reference to this house by naming a series of sketches for his own glass house "Mies Mountain Home." A sample of the exhibition's catalogue at the library of MASP, donated by Pietro Maria Bardi, may imply that the couple was also familiar with Mies' work. Considering all four houses, a probable exception is the Eames House. Published in December 1945, its project anticipated MoMA's exhibition in two years. At the bottom of the sheet containing the Bardi's house-project are studies about stone arrangements, designed to accompany the growing of the new trees in the garden.

Casa de Vidro, versão "Mies Mountain Home", Nova Canaã, Connecticut. Philip Johnson, ago. 1947
Glass House, "Mies Mountain Home" version, New Canaan, Connecticut. Philip Johnson, August 1947

Casa Eames, CSH n. 8, estudo não construído, Los Angeles, Califórnia. Charles Eames e Eero Saarinen, 1945
Eames House, CSH n. 8, unbuilt study, Los Angeles, California. Charles Eames and Eero Saarinen, 1945

Casa de Vidro, estudo, São Paulo SP. Lina Bo Bardi, c.1950
Glass House, study, São Paulo SP. Lina Bo Bardi, c.1950

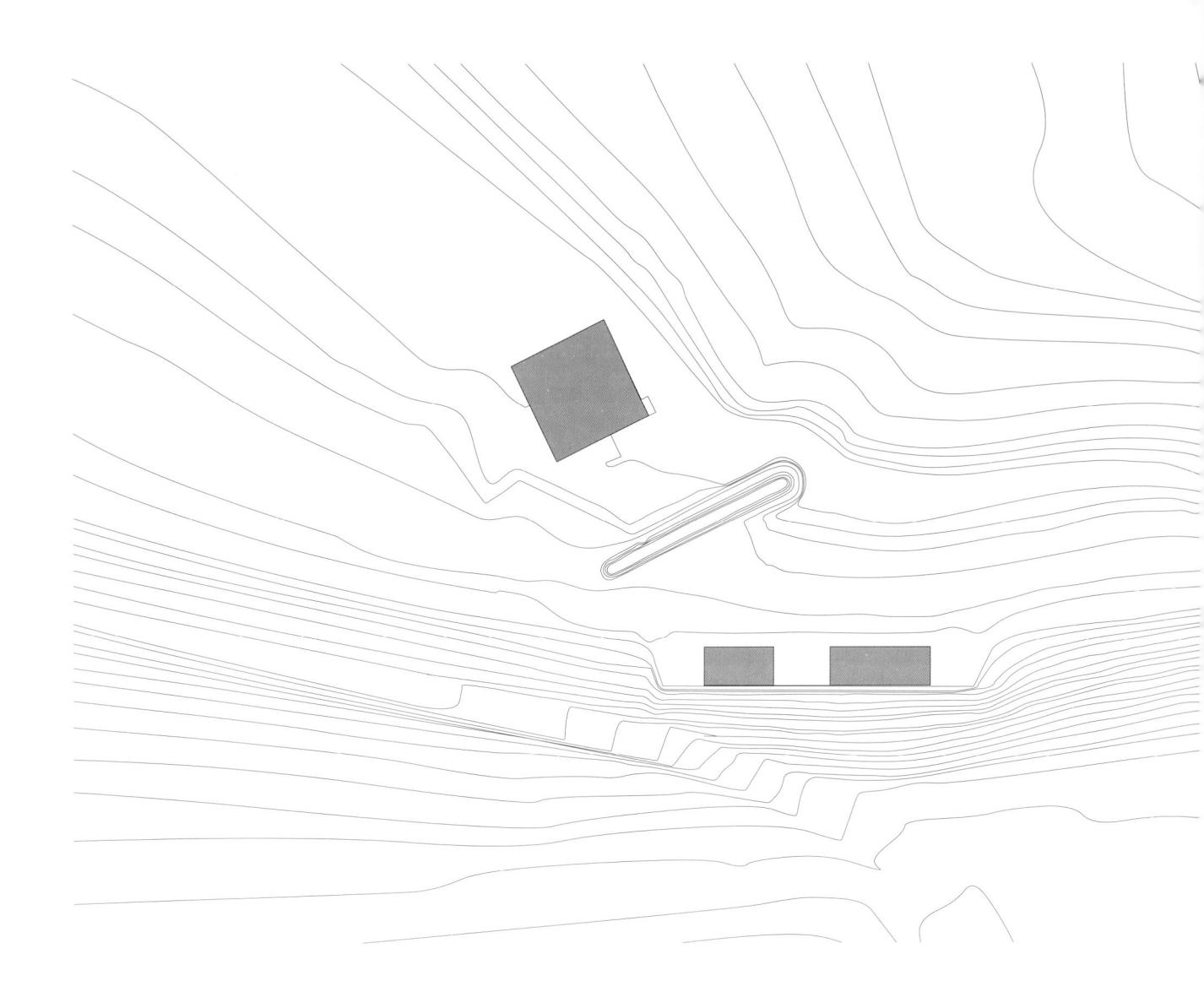

Casa Eames

"Comecei a pensar que seria criminoso colocar a casa no meio da vista". Com essas palavras, Ray Eames justificou a revisão do primeiro projeto, de Eero Saarinen e Charles Eames: o volume-ponte foi rotacionado noventa graus em relação ao original.

Para liberar o máximo do terreno para a vista, esse volume corta a encosta com um muro de arrimo, definindo uma face opaca e liberando as três outras para a integração com a paisagem através dos planos de caixilhos de vidro pré-fabricados.

A Casa Eames foi projetada junto com a residência de John Entenza, promotor do programa Case Study Houses da revista *Arts & Architecture* (respectivamente, casa n. 8 e casa n. 9). Seus projetos constituíram um ensaio urbanístico para o espraiamento das cidades norte-americanas. As propriedades, situadas em um terreno de baixa declividade no alto de uma ravina à beira-mar, tiveram seus limites discretamente marcados por um suave e longilíneo volume de aterro.

Eames House

"I started to feel like it would be a crime to place the house right over the landscape." These were the words Ray Eames used to justify a revision of the Eames House first project, drafted by Eearo Saarinen and Charles Eames: the bridge volume was rotated by nineteen degrees, comparing to the original project.

In order to liberate as much field as possible for landscape, this volume cuts through the hillside with a prop wall, defining an opaque face and liberating the other three so they can merge with the landscape by the use of pre-manufactured glass frames.

The Eames House was designed along with a residence by John Entenza, the promoter behind the *Arts & Architecture* Case Study Houses program (respectively, house n.8 and house n.9). His projects represented an experiment in urban design for the spreading of American cities. Located on a soft-slope terrain over the top of a see-side ravine, these proprieties had their limits discretely traced by a smooth and slender volume of landfills.

Casa Eames CSH n. 8 e Casa Entenza CSH n. 9, implantação que mostra as duas casas, maquete do projeto não construído, maquete do projeto final, Los Angeles, Califórnia. Charles e Ray Eames, 1945-49
Eames House CSH n. 8 and Entenza House CSH n. 9, site plan that shows both houses, unbuilt project model, final project model, Los Angeles, California. Charles and Ray Eames, 1945-49

Casa Eames CSH n. 8, vista do mar a partir da entrada da propriedade, Los Angeles, Califórnia. Charles e Ray Eames, 1945-49
Eames House CSH n. 8, sea view from the property entrance, Los Angeles, California. Charles and Ray Eames, 1945-49

Casa Eames CSH n. 8 (ao fundo) e Casa Entenza CSH n. 9 (em primeiro plano), implantadas em terreno contíguo, Los Angeles, Califórnia. Charles e Ray Eames, 1945-49
Eames House CSH n. 8 (background) and Entenza House CSH n. 9 (first plan), deployed in contiguous sites, Los Angeles, California. Charles and Ray Eames, 1945-49

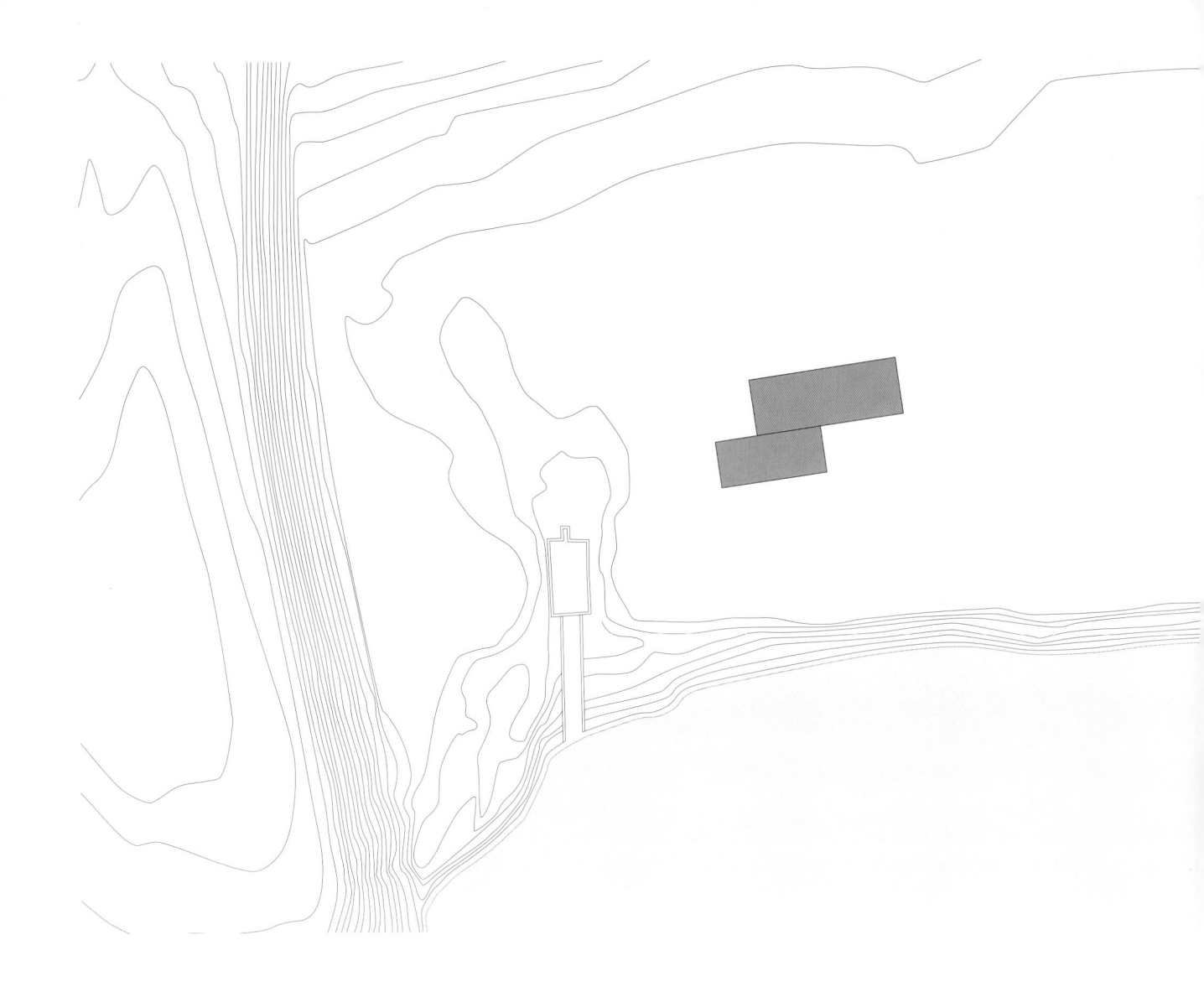

Casa Farnsworth

A casa de campo de Edith Farnsworth foi implantada em uma planície fluvial, a poucos metros da margem do Rio Fox, no município de Plano, distante cerca de 90 km de Chicago. Para proteção contra as enchentes, Mies van der Rohe elevou o volume horizontal envidraçado a 1,60 metro do solo. O patamar da escada de acesso foi ampliado para formar um grande terraço descoberto: um exterior construído e destacado do solo natural. A casa se completa com as cheias, parecendo flutuar sobre o espelho d'água.

A construção de uma estrada e de uma ponte cruzando o Rio Fox em 1968, ao lado da casa, motivou uma fracassada ação judicial da proprietária para impedir a obra. Os ruídos do tráfego e a perda de privacidade levaram-na a colocar a casa à venda pouco depois de construída.

A implantação na várzea, bem próxima às margens, visou à fruição da paisagem do rio. No entanto, a maior frequência e intensidade das inundações têm comprometido a preservação da casa. Em cheias recentes, as águas chegaram a invadir o interior, danificando móveis. A solução planejada pelos atuais gestores é elevar a casa por meio de mecanismos hidráulicos.

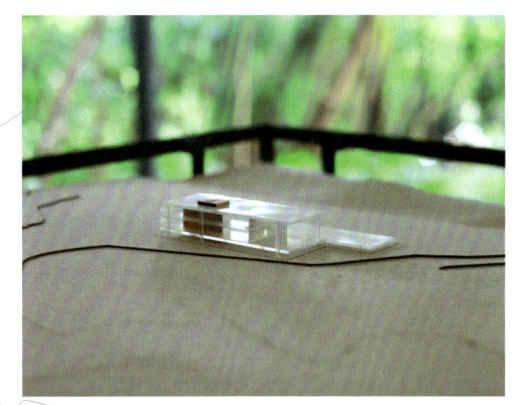

Farnsworth House

Edith Farnsworth's house in the countryside was implanted over a floodplain only a few feet apart from the Fox River margins, in the municipality of Plano, about 56 miles away from Chicago. To keep it safe from the floods, Mies van der Rohe has lifted the glazed horizontal volume up to 5,25 ft above the ground. The level where the entry stairs are located was amplified, in order to form a large and exposed glazed terrace: an exterior area detached from all contact to the natural soil. Once the flood sets in, the house seems to complete itself, as if it was floating above a mirror-like sheet of water.

In 1968, the building of a highway and a bridge across the Fox River right beside the house triggered an unsuccessful lawsuit by Dr. Farnsworth, who set out to prevent it. Traffic noises and loss of privacy ultimately led her to put the house up for sale shortly after it was finished.

The house settlement over the floodplain, not distant from the riverbanks, was supposed to offer fruition of the river's landscape. Yet during the most recent floods, the waters have invaded its interior areas, inflicting damage to the furniture. Faced with this problem, the present administration developed the solution of lifting the house by the use of hydraulic mechanisms.

Casa Farnsworth, implantação destacando os estudos de cheias do Rio Fox, maquete, acesso principal e detalhe do patamar elevado, Plano, Illinois. Mies van der Rohe, 1945-51
Farnsworth House, site plan highlighting studies of the Fox River floods, model, main entrance and detail of the elevated floor, Plano, Illinois. Mies van der Rohe, 1945-51

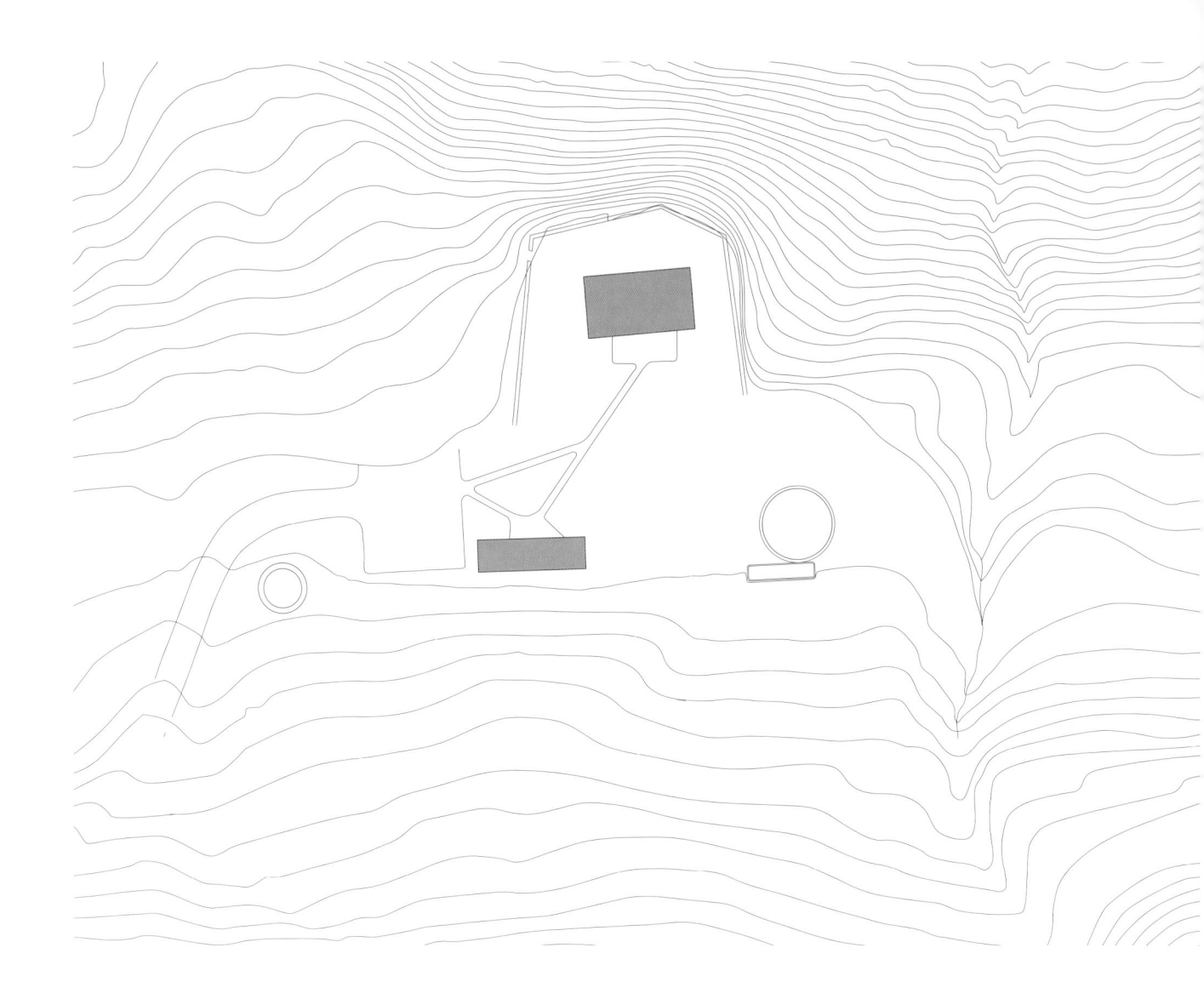

Casa de Vidro, Philip Johnson

Após estudos nos quais a casa seria elevada do solo, Johnson optou por assentá-la sobre uma plataforma criada pelo movimento de terraplenagem, que avança sobre um lago artificial. Nela foram implantados os dois volumes iniciais da propriedade, a Casa de Vidro, transparente, e a Casa de Hóspedes, opaca.

A piscina circular e alguns muros de pedra completaram a composição geométrica, ao redor da qual o arquiteto cuidou de cada detalhe do paisagismo. Esculpir o solo foi essencial para a criação da paisagem e para as estruturas que o arquiteto construiu ao longo dos anos, algumas delas parcial ou totalmente enterradas, como as galerias de escultura e pintura. Os pavilhões foram concebidos na tradição pitoresca inglesa das *follies*, construções espalhadas nos parques dos séculos 18 e 19 para atrair o olhar e realçar a paisagem. Nos cinquenta anos que separam a casa de vidro miesiana (1945-51) do Pavilhão Da Monsta, inspirado na obra de Frank Stella (1995), Johnson construiu um parque que narra as transformações de sua concepção estética ao longo da vida.

Glass House, Philip Johnson

After a few studies in which the house was sketched as a volume lifted from the ground, Johnson chose to let it rest over a platform created by an earth-moving process that makes headway towards an artificial lake. It was over this platform that the propriety's two primarily built volumes were implanted: the transparent Glass House and the opaque Guest House.

    A round pool and some stonewalls completed the geometrical composition. Around them, the architect has taken into special account every detail of the landscape. Sculpting the soil was an essential part of the landscape creating process and also a measure to secure numerous structures designed by the architect over the years, some of them partially or wholly sunken into the ground, as for instance the sculpture and painting galleries. All pavilions were conceived based on the picturesque *follies* tradition of the British – with its edifications scattered about public parks during the 18th and 19th centuries – so as to attract the viewer's gaze and enhance the overall landscape. Over the fifty years that separate the miesian glass house (1945-51) from the Da Monsta Pavilion, inspired by Frank Stella's work (1995), Johnson has built a park where constructions function as a true storyteller of all transitions his aesthetical conceptions went through.

Casa de Vidro, implantação, maquete, Nova Canaã, Connecticut. Philip Johnson, 1949-50.
Glass House, site plan, model, New Canaan, Connecticut. Philip Johnson, 1949-50

Casa de Vidro e Pavilhão na lagoa, Nova Canaã, Connecticut. Philip Johnson, 1949-50
Glass House and Pavilion by the pond, New Canaan, Connecticut. Philip Johnson, 1949-50

Casa de Vidro, Galeria de Esculturas, Nova Canaã, Connecticut. Philip Johnson, 1970
Glass House, Sculpture Gallery, New Canaan, Connecticut. Philip Johnson, 1970

Casa de Vidro, piscina, Nova Canaã,
Connecticut. Philip Johnson, 1951
Glass House, pool, New Canaan,
Connecticut. Philip Johnson, 1951

Escultura *Sem Título*, Donald Judd, 1971.
Primeiro trabalho em concreto do artista,
localizado no jardim da Casa de Vidro
de Philip Johnson
Untitled sculpture, Donald Judd, 1971. The
artist's first concrete work, located in the
garden of Philip Johson's Glass House

Casa de Vidro, Galeria de Pintura, Nova
Canaã, Connecticut. Philip Johnson, 1965
Glass House, Painting Gallery, New
Canaan, Connecticut. Philip Johnson, 1965

Casa de Vidro, estúdio, Nova Canaã,
Connecticut. Philip Johnson, 1980
Glass House, studio, New Canaan,
Connecticut. Philip Johnson, 1980

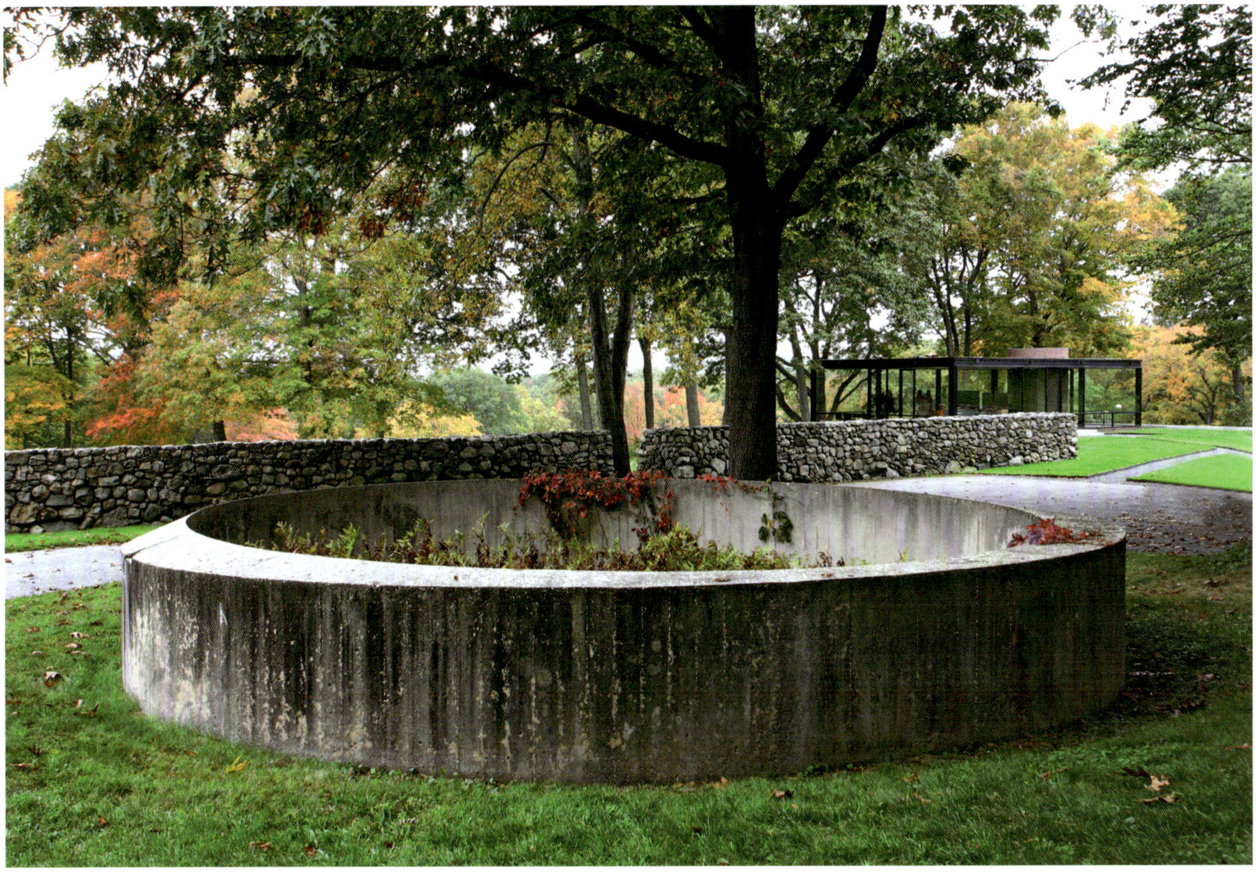

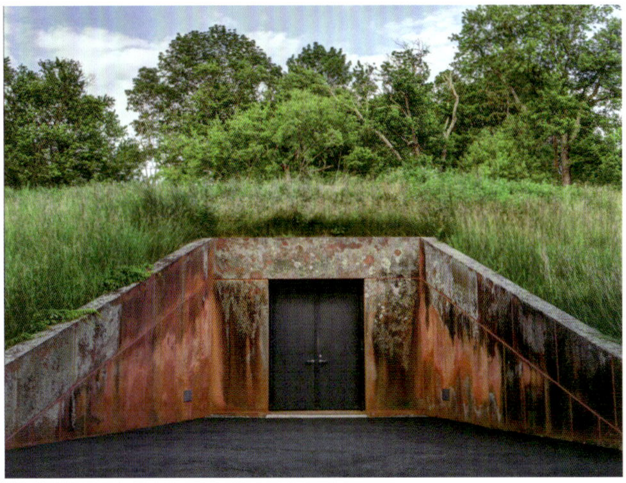

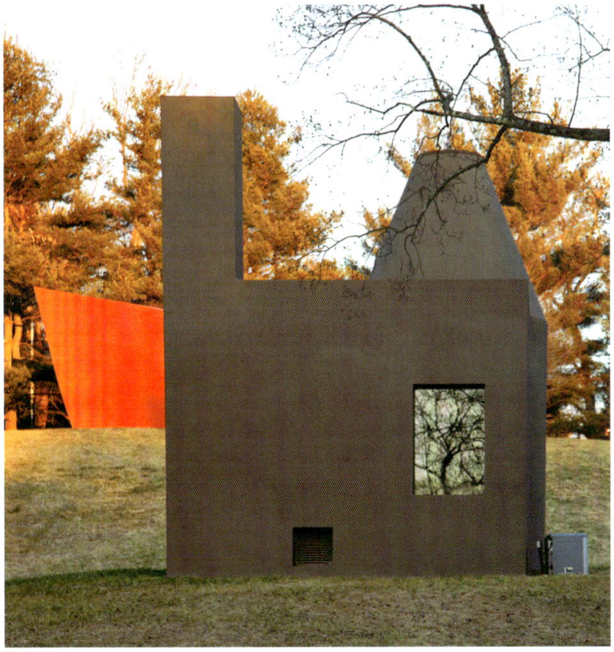

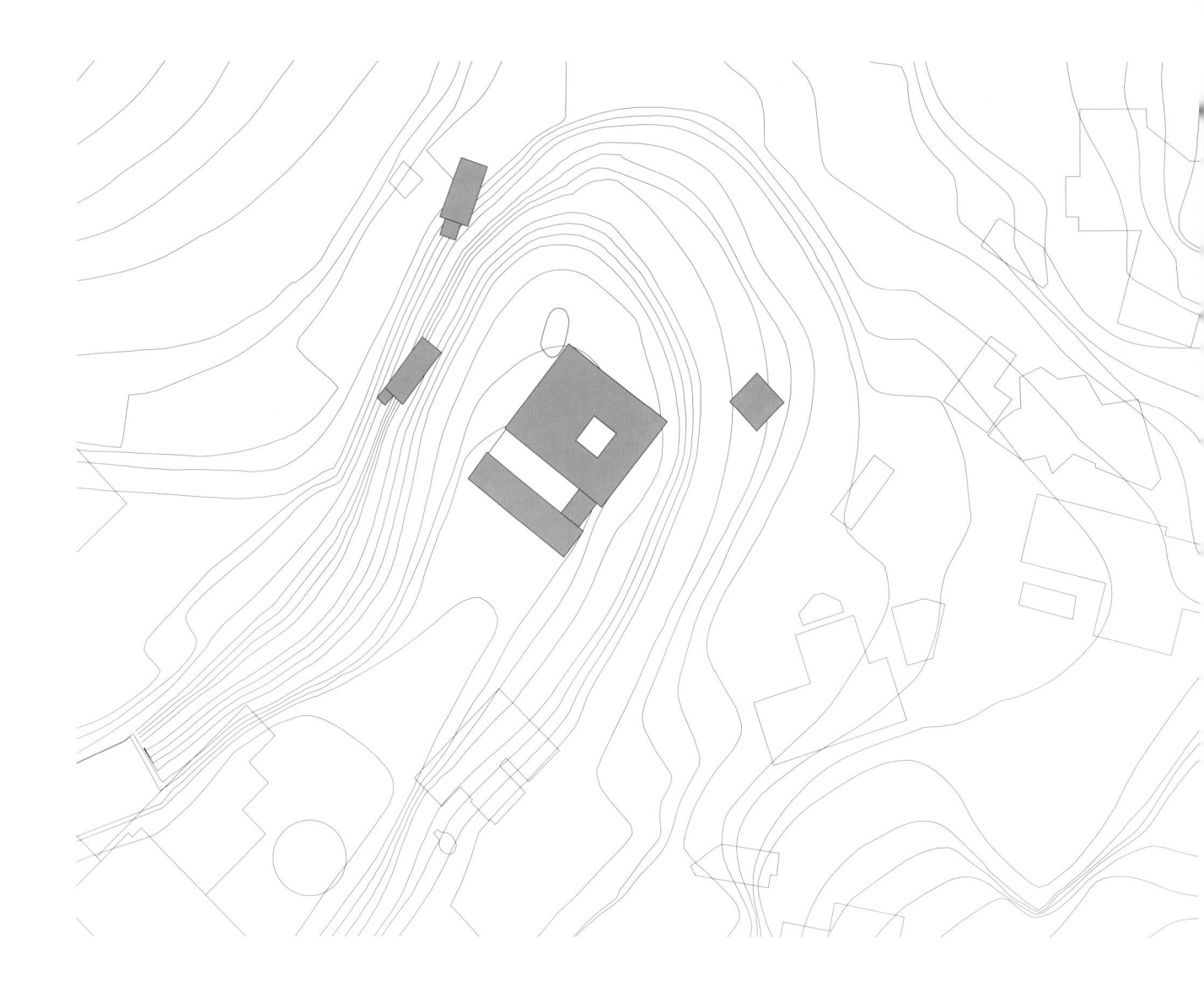

Casa de Vidro, Lina Bo Bardi

A Casa de Vidro de Lina Bo Bardi foi a primeira residência construída no loteamento de uma fazenda de chá desativada no subúrbio da cidade. Lina a concebeu e implantou em um terreno quase sem árvores: o bosque que hoje a envolve foi uma ação projetual e construtiva da arquiteta. Antes de as árvores crescerem e ultrapassarem o piso da sala, a casa era uma plataforma de observação para a paisagem distante, o skyline da cidade e as várzeas do rio Pinheiros. O primeiro a denominá-la Casa de Vidro foi Gio Ponti, nas páginas da revista *Domus* em 1953, após visitá-la no ano anterior.

Ao longo do tempo, novas construções distribuídas pelo jardim marcaram as transformações de Lina. O revestimento em seixos rolados da garagem e dos muros de arrimo, assim como a sinuosidade das trilhas, denotam sua fase organicista, do final da década de 1950. Construído anos mais tarde, após a conclusão do Sesc Pompéia, o estúdio de madeira e telhas cerâmicas em duas águas testemunha sua fase popular.

Glass House, Lina Bo Bardi

Lina Bo Bardi's Glass House was the first residence to be built inside the allotment of a deactivated tea farm located on the city suburban area. Lina conceived it and implanted it when it was still nearly an un-wooded terrain: the grove, which nowadays surrounds the area, was as much a design as a constructive action planned by the architect herself. Before the trees grew and pierced through the living room floor, the house used to be a platform built to supply its inhabitants with a place to observe the distant landscape, the city skyline, and the banks of the Pinheiros River. The first one to call it Glass House was Gio Ponti on the pages of *Domus* magazine in 1953 after visiting the house one year earlier.

New constructions distributed over the garden area indicate modifications implemented by Lina as time went by. The garage and the prop-wall pebble coating, as much as the trails sinuosity, denote her organicist period by the end of the 1950s. Constructed years later, after her design for SESC Pompeia was completed, the studio for crafts in wood and pitch-roof ceramic tiles are testimonies of her popular period.

Casa de Vidro, implantação, maquete, vista da sala principal com a primeira garagem na parte externa, entrada principal, São Paulo SP. Lina Bo Bardi, 1949-51
Glass House, plan site, model, view of the main room with the first garage on the outside, main entrance, São Paulo SP. Lina Bo Bardi, 1949-51

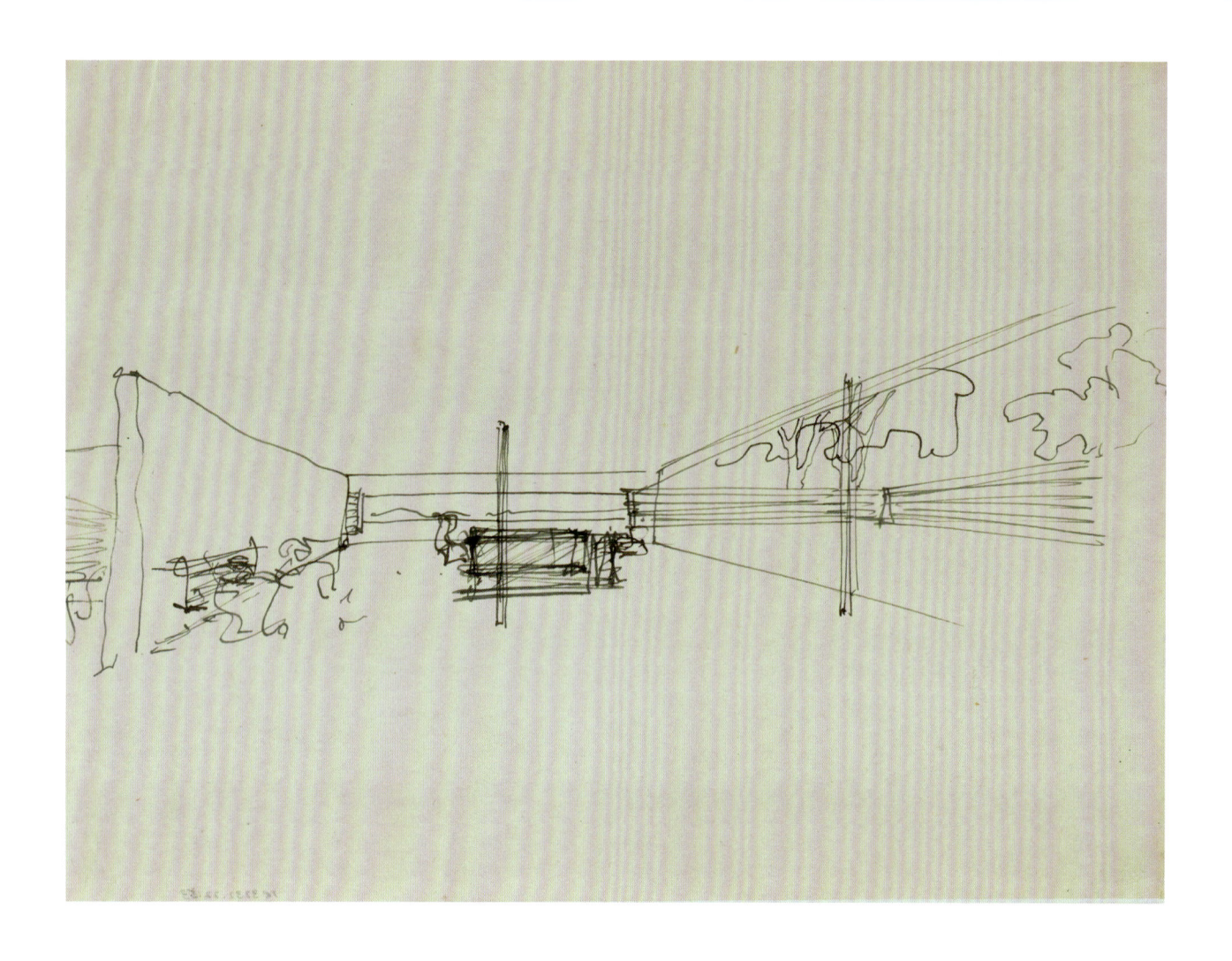

Casa Hubbe, perspectiva interna, Magdeburg, Alemanha. Mies van der Rohe, 1934-35
Hubbe House, interior perspective, Magdeburg, Germany. Mies van der Rohe, 1934-35

A transparência desde o interior e o museu transparente

A referência de Lina Bo Bardi a Mies van der Rohe é identificável nos desenhos e colagens de concepção de dois projetos de 1951: a Casa de Vidro e o Museu à Beira do Oceano, este não construído.

Os desenhos iniciais da casa de Lina sugerem que foi com Mies que a arquiteta aprendeu que o ambiente da casa deve ser um espaço contínuo, do interior ao exterior. Para atender ao objetivo de Le Corbusier, "o fora está sempre dentro", as estratégias de projeto de Mies se mostraram mais atraentes. Ao contrário das janelas corridas da Vila Savoye, Lina construiu o espaço por meio de planos opacos de alvenaria e planos transparentes de vidro, que delimitam o ambiente doméstico entre duas lajes horizontais suportadas por delgados pilares metálicos. São claras as semelhanças com os desenhos de Mies para a Casa Hubbe (Magdeburg, Alemanha, 1934).

Por ser Pietro um marchand e diretor do Museu de Arte de São Paulo – Masp, o programa da residência abrange a apresentação das obras de arte de sua coleção privada. Combina assim a integração com a natureza, obtida com o vidro, e a experimentação de novas formas de expor arte.

Transparency from Inside Out and the Transparent Museum

References to Mies van der Rohe are to find all over Lina Bo Bardi's drawings and collages. They function as conception material in two of her projects from 1951: Glass House and Museum on the Seashore (the latter never actually constructed).

Preliminary drawings by Lina suggest that it was with Mies that the architect learned a home environment should be a continuous area expanding from interior to exterior. In order to fulfill the aim of Le Corbusier "the outside is always on the inside," Mies' design strategies proved to be more appealing than others. Instead of choosing slider windows as in Villa Savoye, Lina composes the general space by using opaque masonry planes and translucent planes of glass which delimitate a domestic ambient for a space left between two horizontal slabs supported by slender metallic pillars. Resemblances to Mies' Hubbe House drawings (Magdeburg, Germany, 1934) are clear to see.

Given the fact that Pietro was himself a marchand and also Museum of Art of São Paulo — MASP's director, this program for a residence devise an area to display their private art collection. It combines merging with nature, obtained by glass, with experiences with new forms of art exhibition.

Casa de Vidro, desenho, São Paulo SP.
Lina Bo Bardi, 1950
Glass House, drawing, São Paulo SP.
Lina Bo Bardi, 1950

Museu para uma cidade pequena, colagem.
Mies van der Rohe, 1941-43
Museum for a Small Town, collage.
Mies van der Rohe, 1941-43

Os desenhos do museu de Lina remetem ao projeto de Mies chamado Museu para uma cidade pequena (1941-43). Além das coincidências, os desenhos e colagens denotam as diferenças de concepção estética.

Nas colagens de Mies, os planos da arte e da natureza configuram um espaço abstrato, sem perspectivas ou profundidade. Por sua vez, a colagem de Lina apresenta as obras de arte em um plano de acentuada perspectiva, que se estende ao horizonte do mar. Nele, os objetos dispõem de um amplo espaço ao redor, enquanto os de Mies aparecem sobrepostos. É nítida a filiação da colagem de Lina às pinturas metafísicas de Giorgio De Chirico. Além da amizade do casal Bardi com o pintor, o mosaico no alto da escada de entrada da Casa de Vidro, realizado por Enrico Galassi a partir de um desenho de De Chirico, confirma a sintonia da arquiteta com a estética do pintor.

Lina's drawings for the museum contain references to a project by Mies named Museum for a Small Town (1941-43). Apart from all coincidences though, these sketches and collages imply some differences in aesthetical ideas.

In Mies' collages, the realms of art and nature configure an abstract space deprived of any perspective or depth. On the other hand, Lina's collage presents works of art in strictly marked perspective, extending far into the horizon above the sea. It intends objects to form a large surrounding area, while Mies' appear overlaid. Affiliations of Lina's collages with the metaphysical paintings of Giorgio De Chirico are also plain to see. Other than the friendship the Bardis maintained with the painter, the mosaic on top of the Glass House entrance stairs, based on a De Chirico drawing and conceived by Enrico Galassi, reaffirms the architect's affinity with his aesthetics.

Museu à Beira do Oceano, colagem, São Vicente SP. Lina Bo Bardi, 1941-43
A Museum on the Seashore, collage, São Vicente SP. Lina Bo Bardi, 1941-43

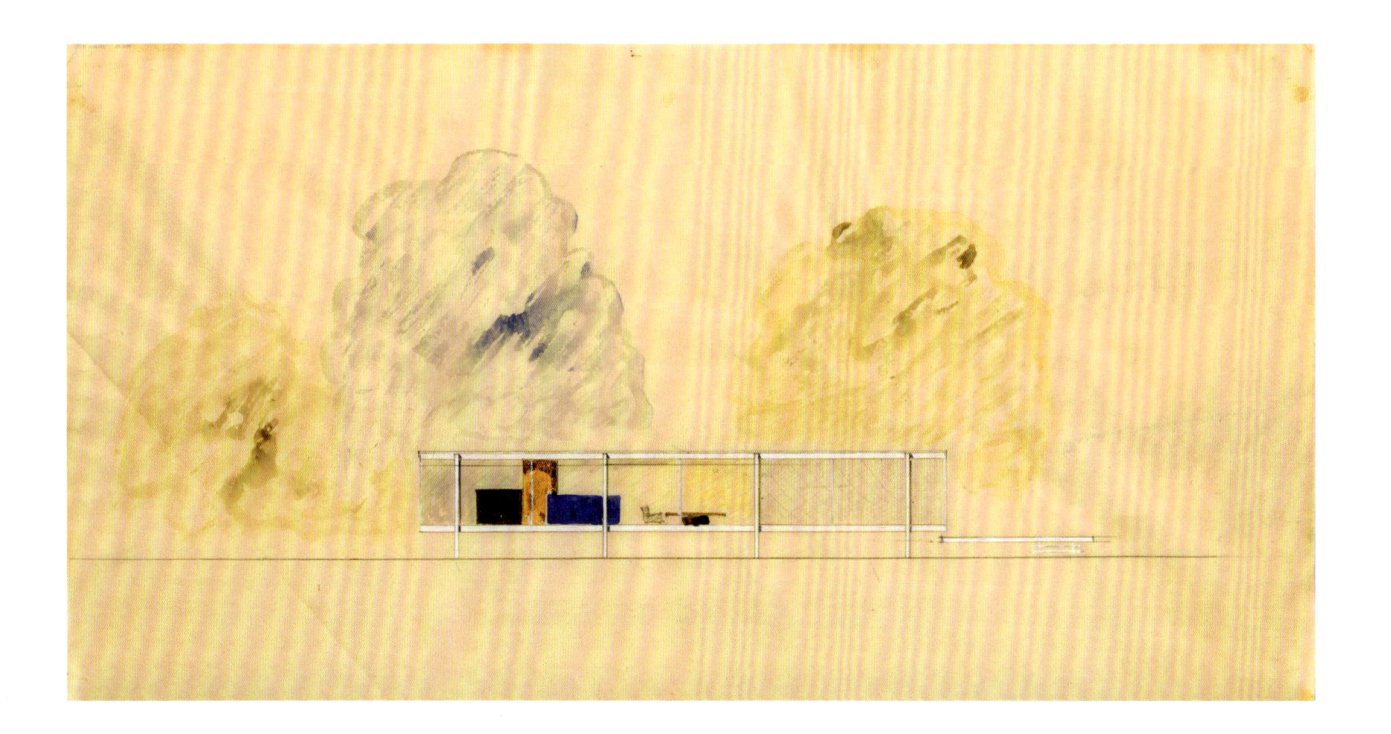

Casa Farnsworth, elevação Norte, versão preliminar, Plano, Illinois.
Mies van der Rohe, 1946
Farnsworth House, North elevation, preliminary version, Plano, Illinois.
Mies van der Rohe, 1946

Casa Farnsworth: a maturidade técnica da cultura da transparência

Se nós quisermos elevar nossa cultura para níveis mais altos, nós teremos de mudar nossa arquitetura [...]. Isso só pode ser feito através da introdução da arquitetura de vidro.

Um esqueleto de aço é, obviamente, indispensável para a arquitetura de vidro. A mobília no centro do espaço [...] a mobília na casa de vidro não pode ser apoiada nas preciosas, ornamentalmente coloridas, paredes de vidro. Ideias derivadas dos nossos avós não devem continuar influenciando decisivamente nosso novo ambiente.

A varanda grande e sua independência do edifício principal [...] a varanda continua a crescer; no final ela se emancipa do edifício principal, e pode se tornar o próprio edifício.

A face da Terra seria muito alterada se a arquitetura de tijolo fosse expulsa em todo lugar pela arquitetura de vidro. Seria como se a Terra fosse adornada com joias brilhantes e esmaltes.

Paul Scheerbart, "Glass Architecture" (tradução livre)

A Casa Farnsworth é o ápice de uma série de projetos onde Mies procurou realizar o postulado de Paul Scheerbart. Os arranha-céus de vidro concebidos em 1921 e 1922 por Mies em Berlim, mas nunca construídos, resultariam nas torres em Chicago, Nova York e Toronto décadas mais tarde. A aplicação residencial do procedimento de projeto como um jogo de planos opacos e transparentes, tão bem sucedido no Pavilhão Alemão em Barcelona (1929), passou por várias casas antes de encontrar a plena transparência da Casa Fansworth.

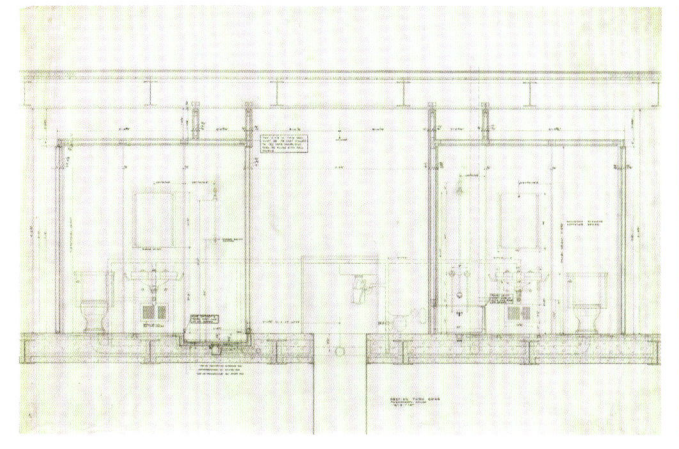

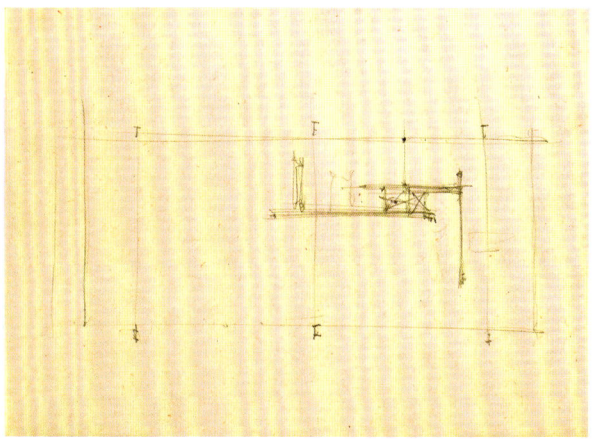

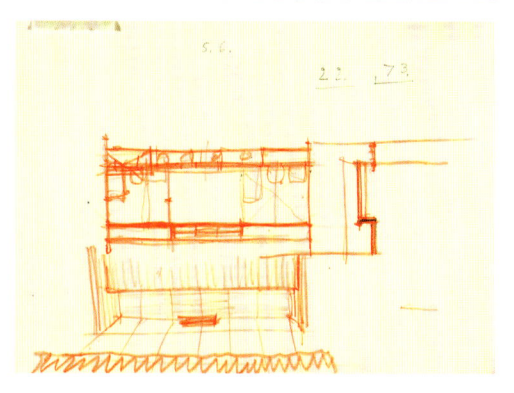

Farnsworth House: The Technical Maturity of the Transparency Culture

> If we want to elevate our culture to higher levels, we shall have to change our architecture [...] This can only be done by introducing glass to it.
>
> A steel skeleton is obviously indispensable for glazed architecture. All furniture placed over the center [...] in a glass house interior, furniture cannot be leant on precious, ornamented, colorful glazed walls. Ideas derived from our grandparents should no longer have any decisive influence over our new environment.
>
> A large porch. And its independence from the main edifice [...] the porch grows in a steady pace; in the end, it emancipates from the main edifice to eventually become an edifice on its own.
>
> If brick architecture was expelled all over and replaced by glass architecture, the face of the earth would be significantly altered. It would be as if the earth had been adorned with glistening jewelry and enamel.
>
> Paul Scheerbart, "Glass Architecture"

The Farsworth House is the pinnacle in a number of designs in which Mies tried to fulfill the postulate of Paul Scheerbart. Although never constructed, the glazed skyscrapers Mies conceived in Berlin between 1921 and 1922 turned themselves decades later into towers in Chicago, New York and Toronto. Being proved successful by the German Pavilion in Barcelona (1929), the residential use of design procedures, functioning as an interplay between opaque and transparent surfaces, underwent experimentation in many houses before finding the plain transparency of the Farnsworth House.

Casa Farnsworth, estudos e projeto executivo do núcleo de serviços, Plano, Illinois.
Mies van der Rohe, c.1945-51
Farnsworth House, studies and detailed design of the service core, Plano, Illinois.
Mies van der Rohe, c.1945-51

Casa Farnsworth, maquete e isométrica do detalhe do caixilho, elevação e planta da casa, Plano, Illinois. Mies van der Rohe, 1945-51
Farnsworth House, model and isometric drawing of the window frame detail, elevation and plan of the house, Plano, Illinois. Mies van der Rohe, 1945-51

O núcleo de equipamentos e a transparência total das fachadas

A principal inovação da Casa Farnsworth foi atingir a plena transparência do volume, no qual as quatro faces são vedadas com planos integrais de vidro, concentrando os equipamentos de serviços em um núcleo delimitado por planos opacos.

Croquis e desenhos técnicos mostram o processo de desenvolvimento da concentração dos banheiros, cozinha, armários, instalações e lareira em um único volume longilíneo, percebido como um plano divisor de setores no espaço contínuo por quem está fora da casa.

Ao contrário dos projetos de Mies antes da guerra, os pilares estruturais são externos, faceando o plano de vidro por fora do volume. As vigas estruturais que vencem os vãos transversais são ocultadas pelas vigas longitudinais que constituem as arestas horizontais do volume elevado. A interrupção dos pilares antes do topo das vigas superiores os destaca ainda mais do volume, reduzido a dois planos horizontais e dois planos verticais de vidro, sem interrupções ou perfurações. A cor branca, que acentua sombras, explicita a síntese formal nos pormenores construtivos, dando leveza ao conjunto.

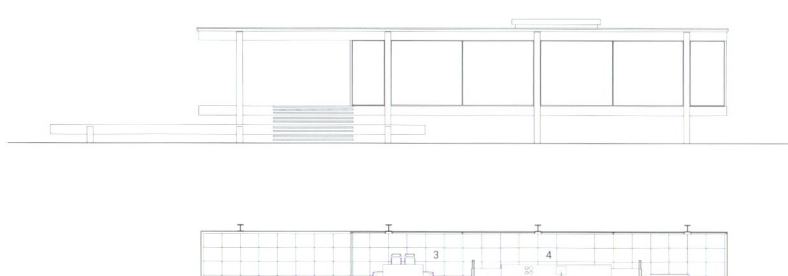

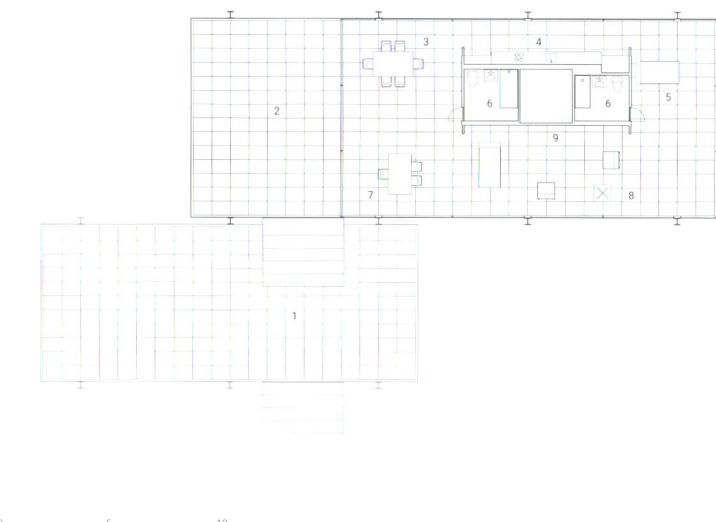

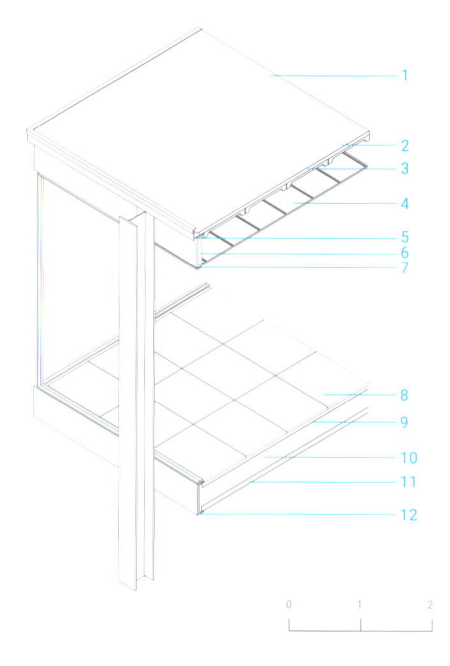

The Solid Core and the Fully Transparent Façades

The Farnsworth House's main innovation was to attain utter transparence in volumes whose four faces were sealed by entirely glazed planes, gathering service equipment to a core enclosed by opaque planes.

Sketches and technical drawings display the evolving process by which bathrooms, kitchens, closets, fireplaces and general facilities have converged into the center of a single horizontally stretched volume, perceived by those standing on the outside as divisions inside the continuous interior space.

Unlike in Mies' designs before the war, structural pillars are external, facing the glazed surface from the outside. The structural beams traversing cross-sectional gaps are concealed by long and slender beams forming the suspended volume's horizontal ridges. The cutting-short of pillars before they reach to the superior beams highlights them even more, reducing the whole volume to no more than two horizontal planes and two vertical planes of glass with neither punctures nor interruptions. By accentuating shades, the white color discloses the formal synthesis in every constructive detail, which gives them a certain softness.

Planta / Elevação
Plan / Elevation

1. Terraço | Terrace
2. Varanda | Veranda
3. Mesa de jantar | Dining table
4. Cozinha | Kitchen
5. Cama | Bed
6. Banheiro | Bathroom
7. Estúdio | Studio
8. Sala de estar | Living room
9. Lareira | Fireplace

Projeção axonométrica
Axonometric projection

1. Camadas de impermeabilização | Impermeabilization
2. Placa de cortiça | Corkboard planel
3. Painel de concreto pré fabricado | Prefab concrete panel
4. Forro de gesso | Suspended metal lath and plaster
5. Concreto leve | Light weith concrete
6. Cortiça | Corkboar
7. Estrutura metálica | Metal structure
8. Travertino | Travertine
9. Contrapiso de cimento | Cement flooring
10. Preenchimento de concreto leve | Light weith concrete fill
11. Placa de concreto pré fabricado | Prefab concrete panel
12. Estrutura metálica | Metal structure

63

Casa Farnsworth, vista geral com o quarto, cozinha e sala principal, Plano, Illinois. Mies van der Rohe, 1945-51
Farnsworth House, general view with the bedroom, kitchen and main living room, Plano, Illinois. Mies van der Rohe, 1945-51

Casa Farnsworth, perspectiva exterior,
Plano Illinois. Mies van der Rohe, 1945-51
Farnsworth House, exterior perspective,
Plano Illinois. Mies van der Rohe, 1945-51

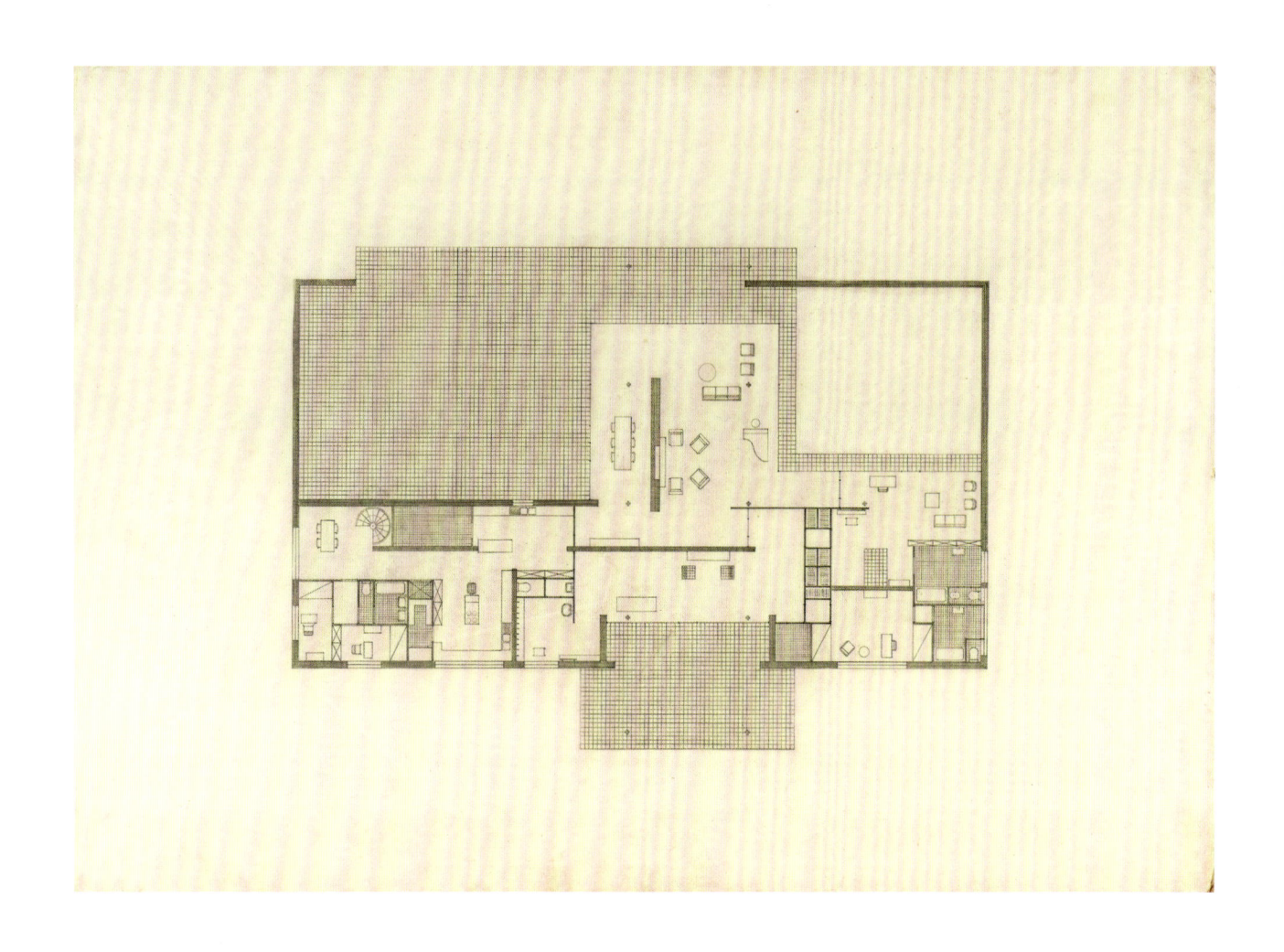

Casa Hubbe, planta com a distribuição do mobiliário, Magdeburg, Alemanha.
Mies van der Rohe, 1934-35
Hubbe House, furniture distribution plan, Magdeburg, Germany. Mies van der Rohe, 1934-35

Transparência e privacidade:
dos planos de alvenaria ao núcleo de serviços

A planta da Casa Hubbe (Magdeburg, Alemanha, 1934) representa o procedimento de projeto no qual Mies delimitava com muros de alvenaria os espaços de maior privacidade, liberando a transparência às áreas de convivência da casa. Apenas na Farnsworth o arquiteto inverte tal situação, concentrando os serviços (cozinha, banheiro, armários e instalações técnicas) em um núcleo isolado, como uma *ilha* que resulta em sutil divisão interna de espaços e libera as faces do volume para a transparência plena.

  Em alguns estudos para sua casa, Johnson explora essas mesmas estratégias de projeto. Nas plantas, observa-se que a disposição é semelhante à da Casa Hubbe, onde os planos opacos tomam a forma de duas letras "C" delimitando a transparência na zona central. Em um croqui menor, Johnson a compara à planta da casa construída.

Transparency and Privacy:
From Masonry Walls to Service Cores

The Hubbe House's plan (Magdeburg, Germany, 1934) represents the design procedure in which Mies outlines the more private rooms with masonry walls, limiting transparency to the living spaces inside the house. Only during the construction of the Farnsworth House did the architect conglomerate service areas (kitchen, bathroom, closets and technical facilities) into a single isolated core, an island of sorts, resulting from a subtle internal division of spaces which enabled architecture to liberate all the volume's faces for plain transparency.

In some of the sketches for Johnson's house construction, he explores these very same design strategies. In his layouts, a disposition similar to the one applied in Mies' Hubbe House is noticeable, where opaque planes are made into a couple of C-shaped forms limiting transparency to a central zone. On a larger sketch, Johnson compares it to the house's final result.

Casa de Vidro, estudo de plantas, Nova Canaã, Connecticut. Philip Johnson, 1949-50
Glass Houses, plans study, New Canaan, Connecticut. Philip Johnson, 1949-50

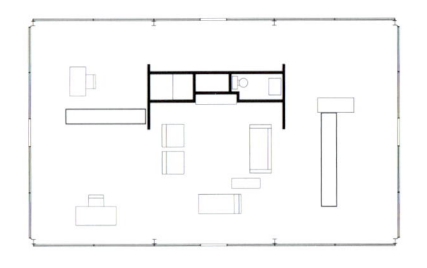

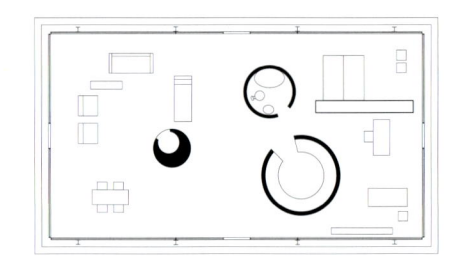

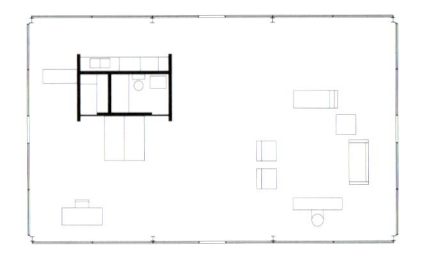

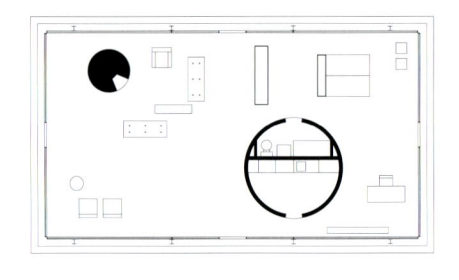

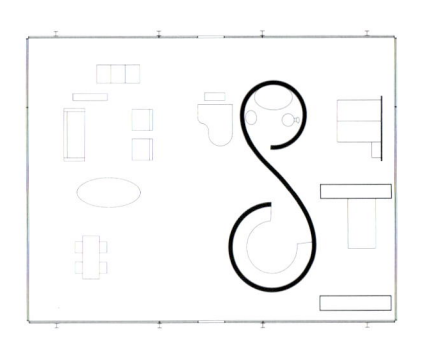

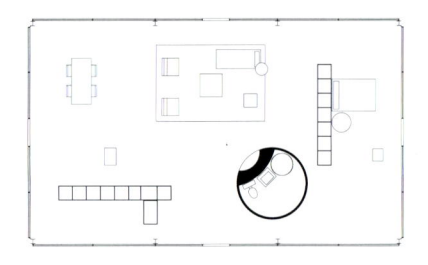

A redução do núcleo de serviços ao mínimo

Entre 1946 e 1947, Johnson desenvolveu várias alternativas à planta da casa. Nas duas primeiras versões, ele parte de um núcleo de serviços prismático, semelhante ao da Casa Farnsworth. Na terceira, uma planta em "S" inicia a configuração de volumes cilíndricos, que na quarta e última versão se resumem a uma única torre cilíndrica com banheiro e lareira. Os outros serviços se tornam formas geométricas, mobílias dividindo o espaço: um gabinete baixo para a cozinha, um alto para o guarda-roupa que separa o espaço de dormir da área de estar principal. E então, no lugar de cômodos em um espaço contínuo, um volume e dois planos configuram setorizações.

Casa de Vidro, estudos da tipologia da planta, Nova Canaã, Connecticut. Philip Johnson, 1947
Glass House, studies of plan typology, New Canaan, Connecticut. Philip Johnson, 1947

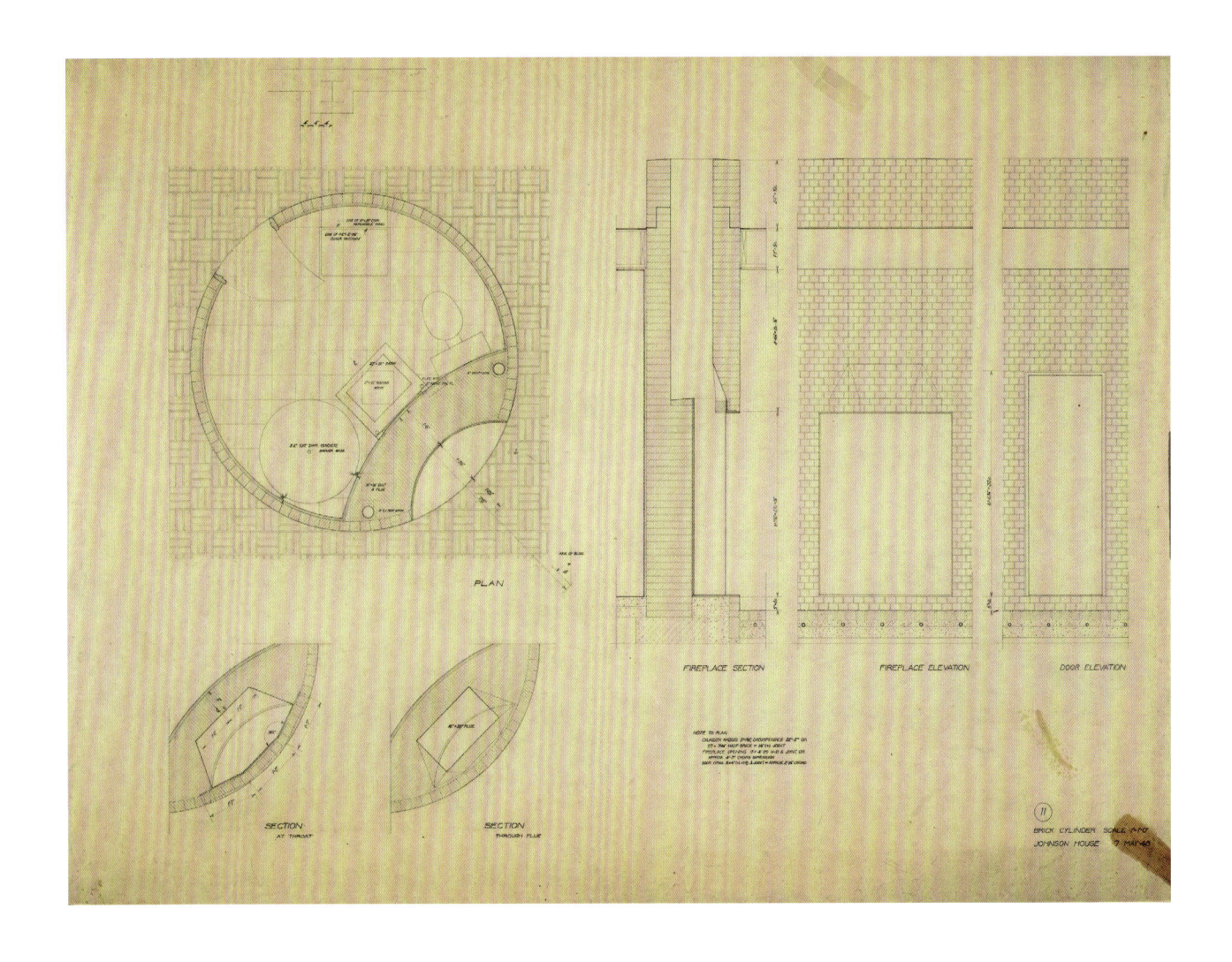

Reducing of the Service Core to a Minimum

Between 1946 and 1947, Johnson developed several alternatives to the layout he used for constructing his house. In two primary versions he begins with a prismatic service core, similar to the one used in Farnsworth House. In a third one, an S-shaped layout gives rise to a process of molding cylindrical volumes, which, in a fourth and last version, narrows down into a single cylindrical tower for bathroom and fireplace. The other service areas become geometric forms with furniture granting space division: a short cabinet for the kitchen, a tall one for the closet separating the sleeping rooms from the main living area. Then, finally, instead of continuous rooms, a volume and two planes configuring the whole edification into compartments.

Casa de Vidro, solução final para a ilha com volume hidráulico e lareira, Nova Canaã, Connecticut. Philip Johnson, c.1950
Glass House, final solution for the island with hydraulic volume and fireplace, New Canaan, Connecticut. Philip Johnson, c.1950

Casa de Vidro, maquete do detalhe do caixilho, maquete da casa, elevação, planta e perspectiva isométrica do detalhe do caixilho, Nova Canaã, Connecticut. Philip Johnson, 1949-50
Glass House, model of the window frame detail, model of the house, elevation, plan and isometric drawing of the window frame detail, New Canaan, Connecticut. Philip Johnson, 1949-50

Casa de Vidro de Philip Johnson: desenhos técnicos

Inspirada nos projetos de Mies van der Rohe, a casa de Johnson apresenta diferenças substantivas da Casa Farnsworth no que se refere aos sistemas construtivos. Os pilares com perfis em "H" são alocados faceando internamente os planos de caixilhos. Essa solução permitiu a continuidade da face de vidro do volume pelo exterior e suprimiu a presença da estrutura. Ao contrário da Farnsworth, onde a quina do volume está em balanço e sem peça estrutural na vertical, a casa de Johnson aloca um pilar em "H" nesse ponto. Para atenuar o sentido de tectonicidade, contraditório com as faces de vidro, Johnson afasta os caixilhos para criar uma sombra no ângulo. O pormenor é construído com uma sucessão de cantoneiras soldadas que se ajustam às diferentes condições de fixação, pois o perfil em "H" não é simétrico nessa posição em planta. O mesmo tipo de problema ocorre na construção do teto, onde o perfil em "I" da casa Farnsworth é simulado por um "C" e por várias cantoneiras soldadas para conectar os caixilhos.

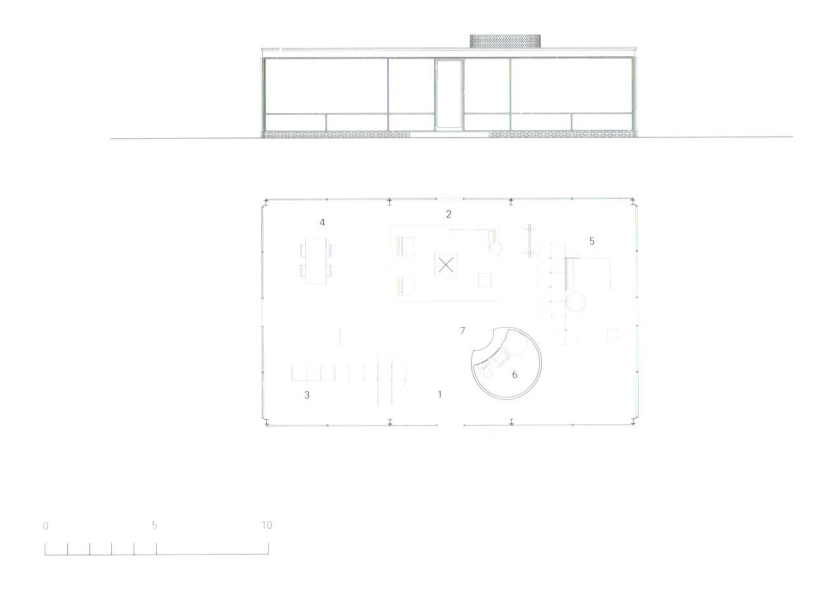

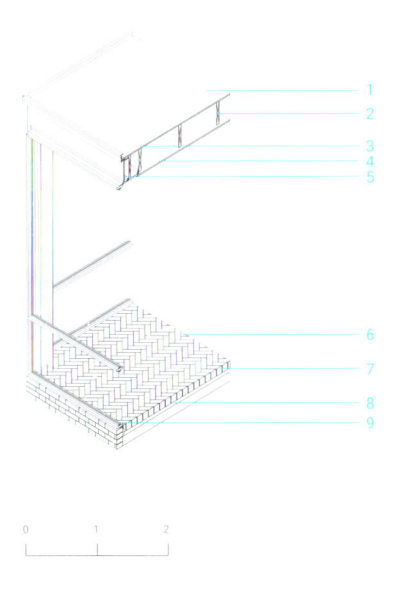

Philip Johnson's Glass House: Technical Drawings

Inspired by Mies van der Rohe's projects, Johnson's house presents important differences to the Farnsworth House as regards to constructive systems. Pillars with an H-section are assigned internally facing the framed plane. This solution allowed for continuity of the volume's glazed face as seen from the exterior and suppressed the structure's presence as an impression. Unlike in the Farnsworth House where the volume's corners are balanced and no vertical structural piece is to be found, Johnson's house assigns an H-shaped pillar to the very same spot. To attenuate tectonicity, a felling contradictory to the glazed façades, Johnson spreads the frames to cast a shade over each angle. This detail is attained by using a set of welded corner-castings adjusted to different fixation conditions, given the fact that, on the layout, the H-shaped section is not symmetrical in this specific position. The same kind of problem is presented by the ceiling, where the I-shaped section in Farnsworth is emulated by a C-shaped one and several welded corner-castings have been installed to connect the frames.

Planta / Elevação
Plan / Elevation

1. Entrada | Entrance
2. Sala de estar | Living room
3. Cozinha | Kitchen
4. Mesa de jantar | Dining table
5. Cama | Bed
6. Banheiro | Bathroom
7. Lareira | Fireplace

Projeção axonométrica
Axonometric projection

1. Cobertura de compensado impermeabilizado | Ply built up roofine
2. Caibro suporte de forro | Woodend joist
3. Metalon | Metallation
4. Forro de gesso | Plaster on metal lath
5. Perfil "C" de aço laminado | Metal profile
6. Piso de tijolos | Bricks floor
7. Camada de concreto de regularização | Concrete setting bed
8. Laje de concreto leve de vermiculita | Vermiculite concrete slab
9. Fibra de vidro | Fiberglass

Philip Johnson na Casa de Vidro, Nova
Canaã, Connecticut. Philip Johnson, 1949-50
Philip Johnson at the Glass House,
New Canaan, Connecticut. Philip Johnson,
1949-50

Casa de Vidro, balcão da cozinha
e área de estar, Nova Canaã, Connecticut.
Philip Johnson, 1949-50
Glass House, kitchen balcony and living
room, New Canaan, Connecticut.
Philip Johnson, 1949-50

Casa de Vidro em primeiro plano e, ao fundo, a Casa de Hóspedes, Nova Canaã, Connecticut. Philip Johnson, 1949-50
Glass House on first plan and, on the background, the Guest House, New Canaan, Connecticut. Philip Johnson, 1949-50

Casa de Vidro, quarto, e área de estar, Nova Canaã, Connecticut. Philip Johnson, 1949-50
Glass House, bedroom, and living room, New Canaan, Connecticut. Philip Johnson, 1949-50

Casa de Vidro, estudo para a versão "Mies Mountain Home", muro separando dois volumes envidraçados, Nova Canaã, Connecticut. Philip Johnson, mai. 1947
Glass House, study for the "Mies Mountain Home" version, wall separating two glazed volumes, New Canaan, Connecticut. Philip Johnson, May 1947

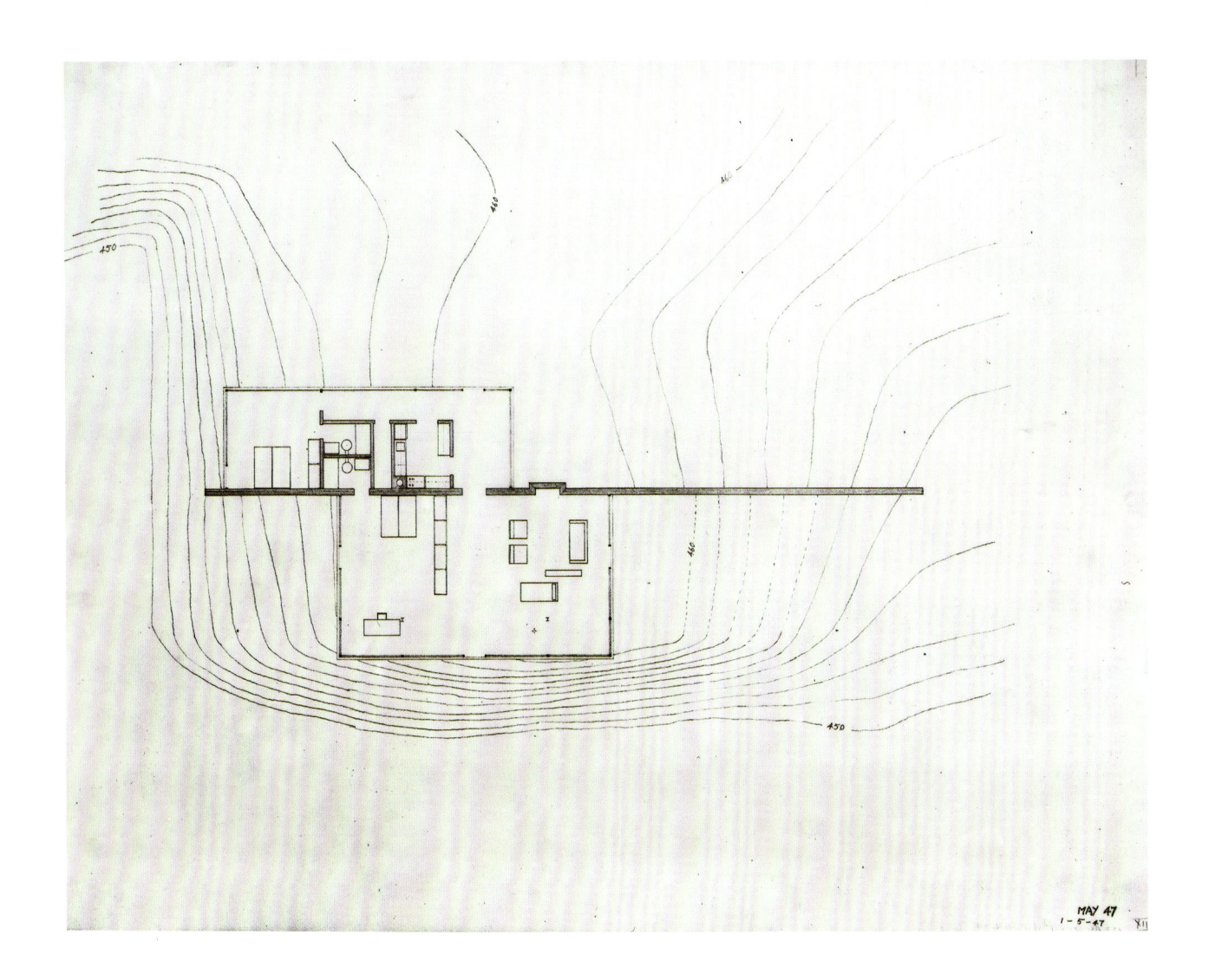

Philip Johnson e Lina Bo Bardi: privacidade opaca, sociabilidade transparente

Duas variações da versão "Mies Mountain Home" da Casa Johnson exploram a opacidade do muro de alvenaria para conferir resguardo às áreas privativas, separando-as das áreas de convívio transparentes. O estudo de maio de 1947 cria um longo plano contínuo de alvenaria para essa função, enquanto o de junho do mesmo ano define dois volumes independentes, um transparente, de vidro e aço, outro opaco, de alvenaria, articulados entre si por um piso quadrado. A versão construída mantém essa dualidade entre a Casa de Vidro e a Casa de Tijolo, mas com maior afastamento entre elas.

Diferentes combinações de dois volumes, um opaco e outro transparente, também foram experimentadas por Lina em vários croquis de estudo. Nas primeiras configurações, o volume de alvenaria é um paralelepípedo longuíssimo, e a sala envidraçada é um volume de planta quadrada. Aos poucos surge a proporção adotada na casa construída, onde as duas partes se encostam e onde a sala transparente se apoia na base de alvenaria.

Ambas as casas apresentam, ainda que de modo diverso, a mesma dualidade entre opacidade e transparência.

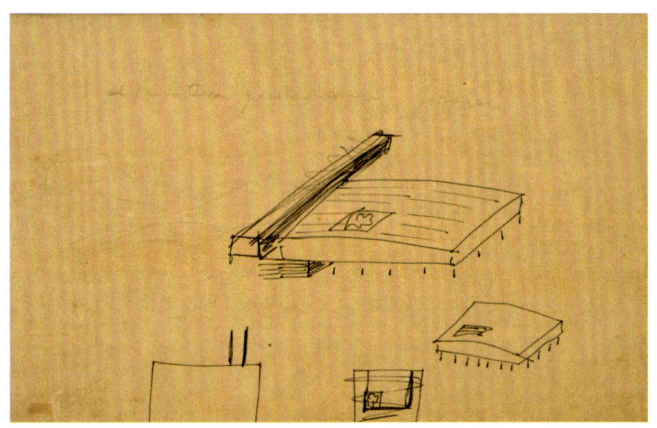

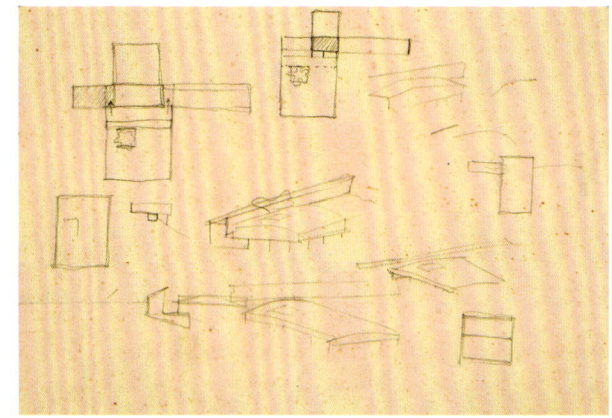

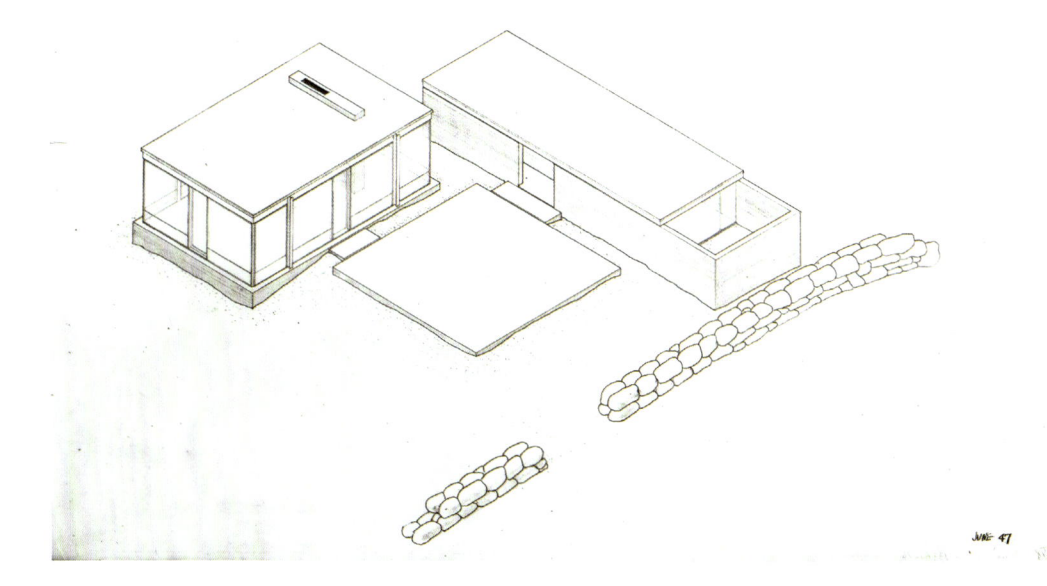

Philip Johnson and Lina Bo Bardi:
Opaque Privacy, Transparent Social-Life

"Mies Mountain Home," a preliminary sketch associated with the Johnson House, has known two variations exploiting the opacity of prop-walls in order to create a sheltering feeling in the private facilities, splitting them from the transparency of the living areas. In the study from May 1947, this function is performed by a long continuous plane made of prop-wall, while the one sketched the same year June defines two independent volumes, a transparent one made of steel and glass and another one made of prop, both of them articulated by square flooring. The version eventually constructed maintains the duality between the Glass House and the Brick House, with an input though of a larger spread between them.

Various combinations of two volumes, one transparent, the other opaque, were also experimented by Lina in several preliminary sketches. In its initial configuration, the prop volume resembles a dire lengthy paving stone and the glazed room is a squared-layout volume. The proportion adopted by the actual construction emerges gradually as the two sections lean against one another and the transparent room rests over the prop base.

Despite its different solutions, both houses present the same duality between opacity and transparency.

Casa de Vidro, estudos, São Paulo SP.
Lina Bo Bardi, c.1949
Glass House, studies, São Paulo SP. Lina Bo Bardi, c.1949

Casa de Vidro, estudo para a versão "Mies Mountain Home", perspectiva em dois volumes, Nova Canaã, Connecticut.
Philip Johnson, jun. 1947
Glass House, study for the "Mies Mountain Home" version, two volume perspective, New Canaan, Connecticut. Philip Johnson, June 1947

Casa de Vidro, vista da sala com os móveis e obras de arte, estudo da relação arte e paisagem, São Paulo SP. Lina Bo Bardi, 1949-51
Glass House, view of the room with the furniture and art pieces, study of the relation between art and landscape, São Paulo SP. Lina Bo Bardi, 1949-51

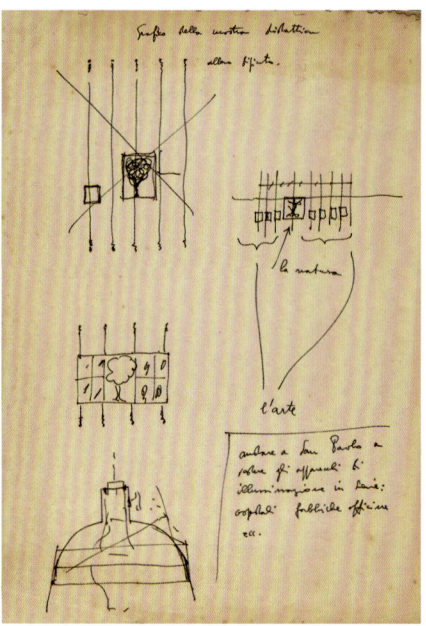

Casa dos Bardi: arte e natureza

Construída quando o casal Bardi já dirigia o Masp em sua primeira sede, a casa tem uma sala concebida como ensaio da museografia transparente que seria desenvolvida na segunda sede do museu, na avenida Paulista, por meio das fachadas e suportes feitos com planos de vidro. A casa é o abrigo da coleção do casal. Obras de arte e móveis de períodos distintos convivem em um único espaço contínuo com a paisagem. Na casa, essa relação de simultaneidade de visão é de arte e vegetação, enquanto no Masp ela é de arte e cidade. As fotos de 1951 mostram uma casa ainda sem cortinas, com o exterior vegetado e sem outras edificações ao redor. A ausência de grandes árvores no terreno permite a perspectiva com vários planos de profundidade. Nas fotos mais recentes, as árvores envolvem completamente a sala envidraçada, suprimindo qualquer visão à distância. Ao contrário das outras casas da exposição, os painéis de vidro da casa de Lina Bo Bardi se movem, abrindo completamente o ambiente para uma fruição tátil do jardim ao redor. O volume de vidro se torna um terraço coberto, elevado ao nível da copa das árvores pelos pilotis. Temperatura, humidade e odores complementam a integração de arquitetura, arte e natureza, sugerindo que o clima tropical seja mais adequado à continuidade espacial entre interior e exterior.

The Bardis's House: Art and Nature

Constructed when the Bardis were already at the board of the MASP museum in its first address, the house has a room conceived as an essay in transparent museography. Using façades and brackets made of glass, it would be developed during the construction of the museum's second headquarters on Paulista Avenue. The house shelters the couple's art collection. Works of art and furniture from several periods co-exist inside a single space continuous to the landscape. In the house, simultaneity of vision has brought together art and nature, whereas in MASP it approximates art and city. The photographs from 1951 display the house before the drapes were installed, with a green exterior, but stripped of any edifications on the surrounding area. The absence of large trees in the lot creates a perspective with several scales of depth. In most recent photographs, the trees have surrounded the glazed room completely, suppressing all long-distance view. Unlike in the other houses, the glass panels of Lina Bo Bardi's house are mobile, therefore capable of completely opening the ambient to the tactile fruition of the surrounding garden. The glass volume becomes a covered porch, with pilots lifting it up to a treetop level. Temperature, humidity and scents complement the conjunction of architecture, art and nature, suggesting that the tropical climate would be more adequate for the spatial continuity between interior and exterior.

Masp avenida Paulista, pinacoteca com o projeto expográfico original, São Paulo SP. Lina Bo Bardi, 1957-68
MASP Paulista Avenue, pinacotheca with the original expographic project, São Paulo SP. Lina Bo Bardi, 1957-68

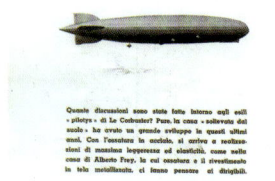

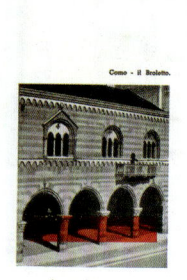

Escritos sobre arquitetura

A atividade editorial de Pietro e Lina na Itália foi pautada pela militância em prol da arquitetura moderna. Após as publicações *Quadrante* (1933 e 1936) e *Meridiano di Roma* (1936-38), Pietro editou *Il Vetro* (1939-43), revista que representava as associações de fabricantes de vidro e cerâmica com o objetivo de fazer não apenas "uma propaganda culta e informada, mas também uma atividade que servisse de estímulo e ensinamento à arquitetura e à indústria em geral".

Os escritos de Lina ajudam a identificar suas referências e a entender algumas decisões de projeto. Em seu artigo "Case Sui Trampoli" (publicado na revista *Domus*, em 1944) Lina já havia explicitado sua atenção às casas de Le Corbusier (Vila Savoye), Luigi Figini (Casa do Jornalista) e Albert Frey (Casa Canvas Weekend), todas elevadas por delgadas estruturas que as destacam do solo, como as palafitas de pescadores do Lago Maggiori. No texto, Lina aponta que as estruturas de aço permitem "máxima leveza", como na casa de Frey.

Enquanto projetava sua residência, entre 1950 e 1951, a arquiteta publicou vários artigos na revista *Habitat* sobre a arquitetura moderna brasileira que parecem reverberar suas próprias decisões de projeto. Na publicação das casas de Artigas, no primeiro número da revista, Lina elogia a continuidade exterior-interior obtida sem "efeitos forçados, da forma livre" e o fato de a casa ser um espaço abrigado, não uma fortaleza. No segundo número da revista, publicou a casa de Olivo Gomes, projeto de Rino Levi em São José dos Campos, também apoiado na parte mais elevada do terreno, de onde se projeta em direção à paisagem, destacando-se do solo por meio de pilotis.

Casa Sui Trampoli, revista *Domus*, 1944
Sui Trampoli House, *Domus* magazine, 1944

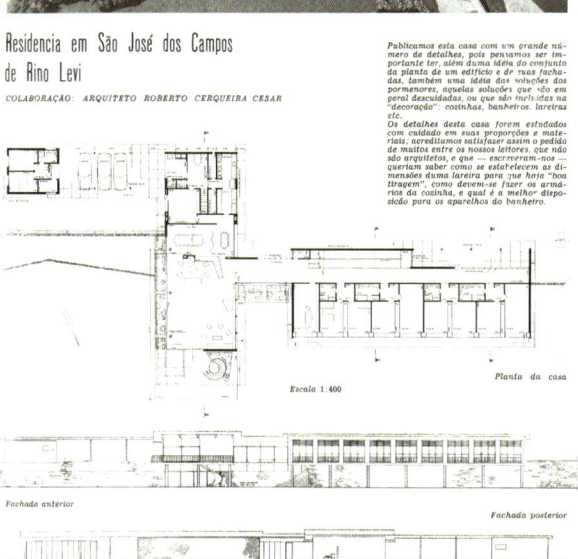

Writings about Architecture

The editorial activity of Pietro and Lina in Italy was characterized by militancy in defense of modern architecture. After the publishing of *Quadrante* (1933 and 1936) and *Meridiano di Roma* (1936-38), Pietro edited *Il Vetro* (1939-43), a magazine that represented glass and ceramics manufacturer's associations, whose objective was "not only to spread an educated and well-informed propaganda, but also one that would provide the architectural and industrial communities with encouragement and knowledge."

Lina Bo Bardi's writings may be of use to identify her references and understand some of her project's decisions. In her article "Case sui Trampoli" (published on *Domus*, 1944) Lina had already made clear her interest in houses designed by Le Corbusier (Villa Savoye), Luis Figini (Casa do Jornalista) and Albert Frey (Canvas Weekend House), all of them elevated by slender structures which detach them from ground level, much like the fisherman cabins in Lake Maggiori. In the next text, Lina points out that steel structures allow "maximum lightness," as in Frey's house for instance.

While projecting her residence between 1950 and 1951, the architect published on *Habitat* magazine several articles about the Brazilian modern architecture that seem to echo her own design choices. When Artigas houses were published on the first number of the magazine, Lina praised the interior-exterior, obtained without "any far-fetched effects, only a free form," and went further to say the house was a sheltered ambient, not a fortress. The second number of the magazine featured the house for Olivo Gomes, designed by Rino Levi in São José dos Campos, a house also underpinned by the lot's most elevated section, projected towards the landscape, and detached from the ground by use of pilots.

Casa Olivo Gomes, revista *Habitat* n. 2, vista externa, São José dos Campos SP. Rino Levi, 1951
Olivo Gomes House, *Habitat* magazine n. 2, view, São José dos Campos SP. Rino Levi, 1951

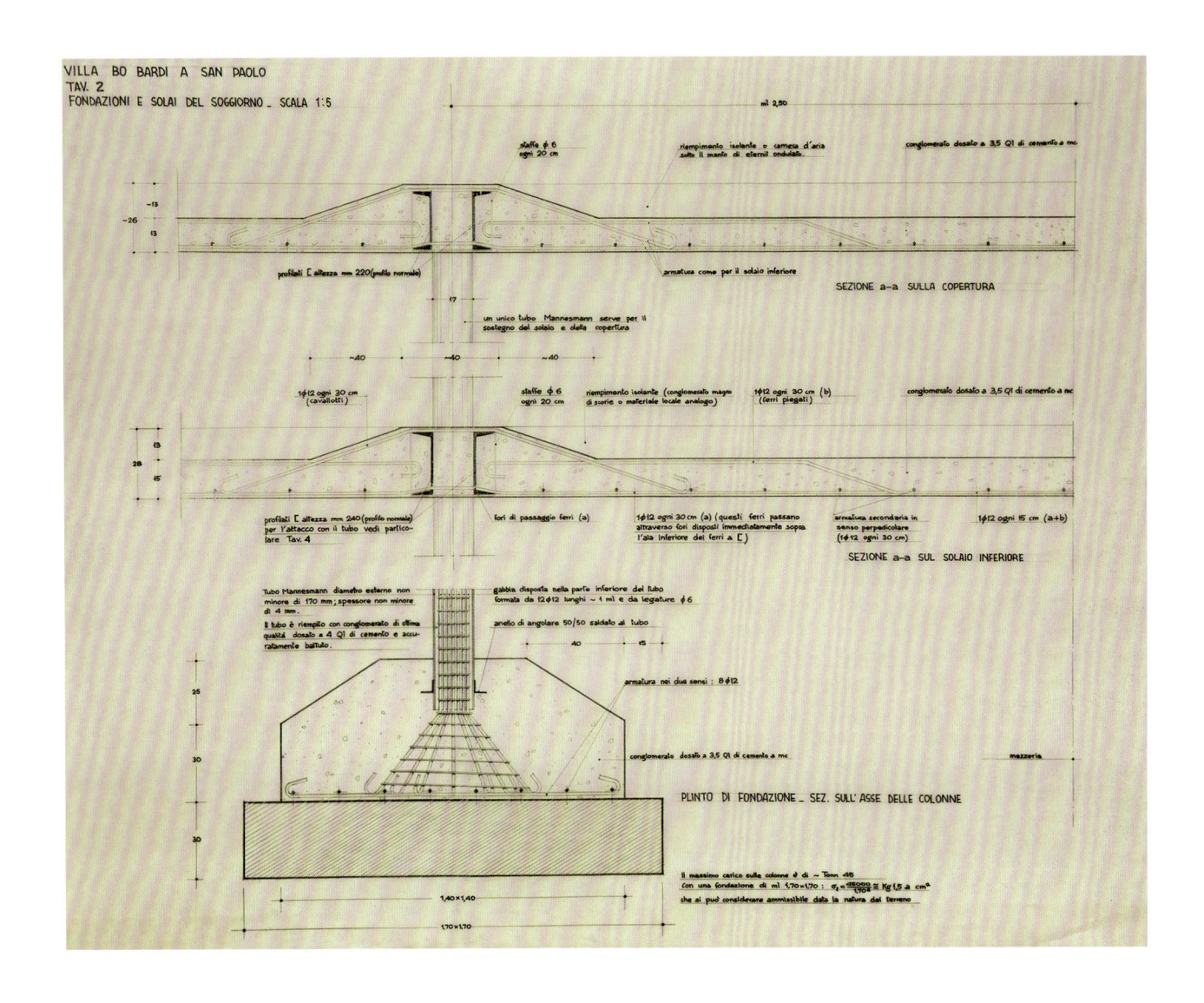

Casa de Vidro de Lina Bo Bardi, projeto
estrutural não executado. Pier Luigi Nervi,
c.1950
Lina Bo Bardi's Glass House, unbuilt
structural project. Pier Luigi Nervi, c.1950

Casa de Vidro dos Bardi: os projetos estruturais

A concepção estrutural em grelha modular de pilares e vigas é de Lina; está presente desde seus primeiros estudos. Serviu de base para o sofisticado projeto do engenheiro italiano Pier Luigi Nervi, amigo de Pietro desde os anos 1930. No projeto de Nervi, pilares de tubo de aço cilíndrico recebem vigas de aço com perfis em "C" que suportam, por sua vez, as lajes de concreto armado na parte inferior, com uma mísula invertida. Parafusos passantes excêntricos fixam as vigas aos pilares tubulares, preenchidos de concreto.

A disponibilidade de perfis de aço, no entanto, era ainda pequena quando a casa foi construída, assim como a de mão de obra qualificada. Por isso, o projeto de Nervi foi adaptado pelo engenheiro brasileiro Túlio Stucchi em uma versão com vigas e lajes de concreto armado, preservando apenas a modulação e a esbeltez dos pilares cilíndricos originais. Para garantir a continuidade da face inferior das lajes, Stucchi usou a técnica do caixão perdido, em que a altura das vigas é ocultada por duas lajes, uma de piso e outra de forro, mantendo a fôrma de madeira em seu interior após a concretagem. A Casa Bardi é a única das quatro casas da exposição construída em concreto armado.

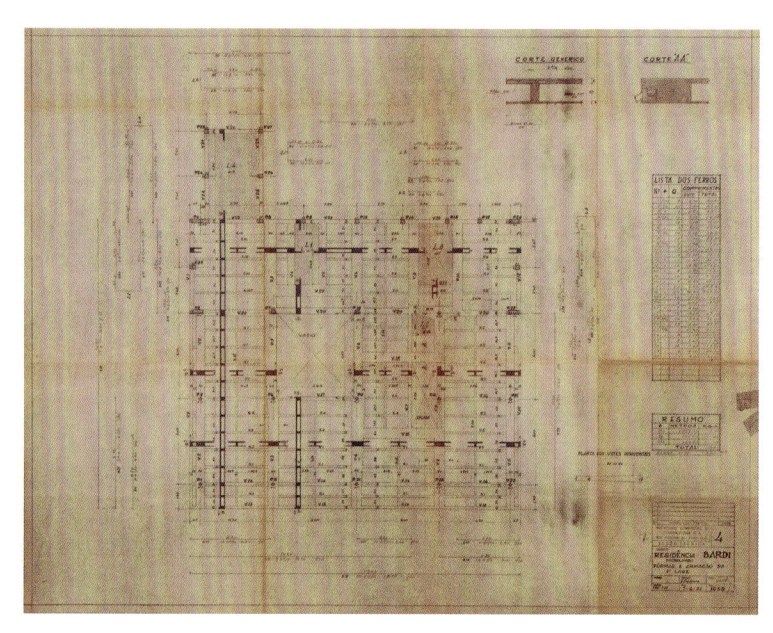

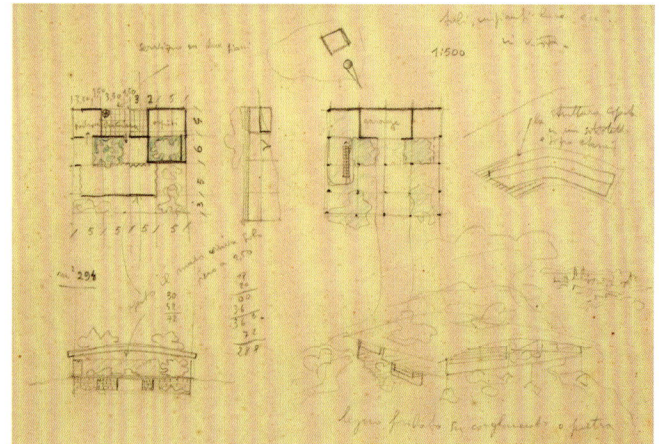

The Bardis' Glass House: Structural Projects

The structural conception of a modular grid for pillars and beams came from Lina: they are to find already in her very first studies. It served as basis for a sophisticated project by Italian engineer Pier Luigi Nervi, a friend of Pietro's since the decade of 1930. In Nervi's project, pillars made of cylindrical steel tubes have received steel beams in C-shaped section with the addition of an inverted Corbell that sustain slabs of reinforced concrete from the bottom side. Eccentric pass-through screws mount the beams onto pillars filled with concrete.

When the house was built however the availability of steel sections was still as scant as qualified workforce. This is the reason why Nervi's project was adapted by Brazilian engineer Tulio Stucci into a version with beams and reinforced concrete slabs, preserving only the modular quality and the slenderness of the original cylindrical pillars. To assure the continuity of the slabs on its inferior face, Stucchi used the embedded formwork technique, in which the beams actual height is hidden by two slabs, one placed over the floor, the other up on the ceiling linings, maintaining the wood shape of its interior after concreting. Among all four houses in display, Bardi's House is the only one to use reinforced concrete in its construction.

Casa de Vidro de Lina Bo Bardi, projeto estrutural, São Paulo SP. Túlio Stucchi, c.1950
Lina Bo Bardi's Glass House, structural project, São Paulo SP. Túlio Stucchi, c.1950

Casa de Vidro, estudos e definição da malha estrutural, São Paulo SP. Lina Bo Bardi, c.1949
Glass House, studies and definition of the structural grid, São Paulo SP. Lina Bo Bardi, c.1949

Casa de Vidro, maquete do detalhe do caixilho, maquete da casa, elevação, planta, perspectiva isométrica do detalhe do caixilho, São Paulo SP. Lina Bo Bardi, 1949-51
Glass House, model of the window frame detail, model of the house, elevation, plan, isometric drawing of the window frame detail, São Paulo SP. Lina Bo Bardi, 1949-51

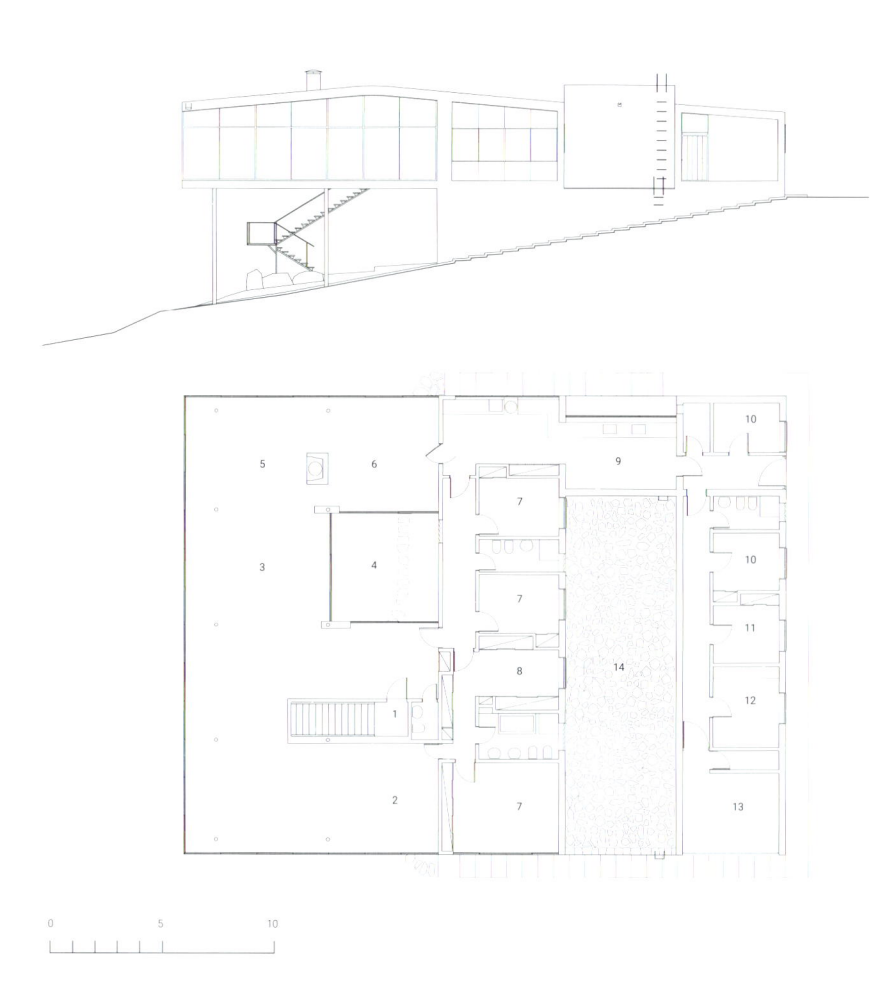

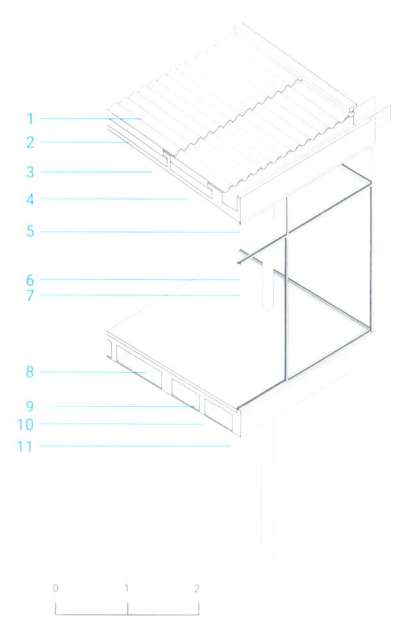

Planta / Elevação
Plan / Elevation

1. Entrada | Entrance
2. Biblioteca | Library
3. Sala de estar | Living room
4. Pátio | Patio
5. Lareira | Fireplace
6. Sala de jantar | Dining room
7. Quarto | Bedroom
8. Guarda roupa | Closet
9. Cozinha | Kitchen
10. Quarto empregados | Servant's Bedroom
11. Sala empregados | Servant's living room
12. Rouparia | Wardrobe
13. Varanda | Veranda
14. Jardim | Patio

Projeção axonométrica
Axonometric projection

1. Telhas de fibrocimento | Eternit
2. Lã de vidro | Insulation wool fiberglass
3. Laje pré-fabricado com lajota de cerâmica | Prefab slab with ceramic tile
4. Concreto | Concrete
5. Calha/Rufo de chapa galvanizada | Galvanized sheet rail/rig
6. Painel de vidro fixo | Fixed glass panel
7. Painel de vidro deslizante | Slider glass panel
8. Mosaico de Vidrotil | Glas tile mosaic
9. Argamassa | Mortar
10. Concreto | Concrete
11. Argamassa armada | Reinforced mortar

Casa Eames, sala de estar, Los Angeles, Califórnia. Charles e Ray Eames, 1945-49
Eames House, living room, Los Angeles, California. Charles and Ray Eames, 1945-49

Casa Eames: técnica industrial e vida doméstica

O programa das Case Study Houses tinha como objetivo desenvolver uma arquitetura econômica, passível de ser produzida em grande escala, para acolher os militares que retornavam da Segunda Guerra Mundial. Os sistemas construtivos deveriam ser simples e industrializados, como os de galpões fabris. Os Eames criaram uma estrutura principal de pórticos com 2,20 metros de espaçamento entre eles, o que permitiu o uso de peças leves. Os pórticos são constituídos por pilares metálicos delgados e por vigas em treliças de chapa dobrada e ferro redondo. Os pilares têm a espessura da vedação externa, composta por caixilhos basculantes e fixos, escolhidos em catálogo industrial. Planos opacos, com cores primárias no exterior, se intercalam com os caixilhos transparentes, criando zonas de luz e sombra dentro da casa. A alternância entre a transparência dos vidros e os planos de vedação coloridos acentua o caráter abstrato estabelecido pela modulação geométrica rígida.

Como na Casa de Vidro dos Bardi, a instalação de mobiliário, luminárias, plantas e obras de arte dão domesticidade ao interior do volume, construído com os materiais e as técnicas simples de um galpão comercial. Oferecem também um exercício visual seminal para suas obras de design gráfico, cinema, televisão e exposições.

Guiado pela experimentação, o procedimento neoplasticista se combina com o realismo low-tech do pós-guerra norte-americano, fornecendo as bases da cultura pop que afloraria na arte, arquitetura e design nas décadas seguintes.

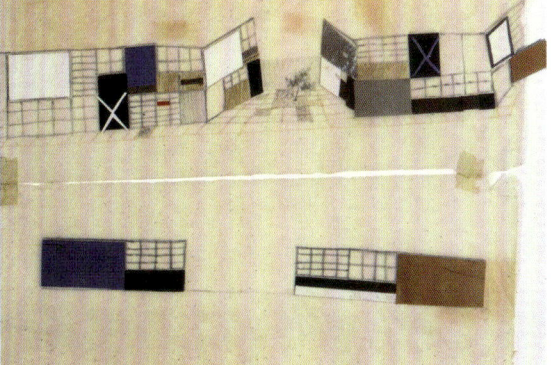

Eames House: Industrial Technique and Domestic Life

The objective in Case Study Houses program was to develop a tight-budget architecture that could be produced in vast scale, so as to foster the military who returned from World War II. Constructive systems should be simple and industrialized, much like sheds in industrial plants. The Eames have created a main structure of gantries separated by 7,2 ft, which allowed for the use of lightweight pieces. Gantries are constituted by slender metallic pillars, beams turned into trusses of folded metal sheet and round iron. Pillars have the thickness of the external sealing composed by tilting and fixed frames chosen from an industrial catalogue. Opaque planes with primary colors on the exterior interpolate with transparent frames to create areas of shade and light inside the house. The alternance between glass transparency and colored sealing planes stressed the abstract character established by strict geometric modulation.

At the Bardi's Glass House, furniture, lighting, plants and works of art purvey domesticity to the volume's interior, constructed by techniques and materials as simples as those of a commercial shed. They also offer a visual exercise seminal for works of graphic design, cinema, television and exhibitions taking place on its facilities.

Guided by experimentation, neo-plasticist procedure combines with low-tech realism from the American post-war, both of which settled the foundations for the Pop Art that was to flourish in art, architecture and design during the next decade.

Casa Eames, detalhe da sala de estar, Los Angeles, Califórnia. Charles e Ray Eames, c.1950
Eames House, detail of the living room, Los Angeles, California. Charles and Ray Eames, c.1950

Casa Eames, estudo para os painéis de fechamento das fachadas, Los Angeles, Califórnia. Charles e Ray Eames, c.1948
Eames House, study for the façade panels, Los Angeles, California. Charles and Ray Eames, c.1948

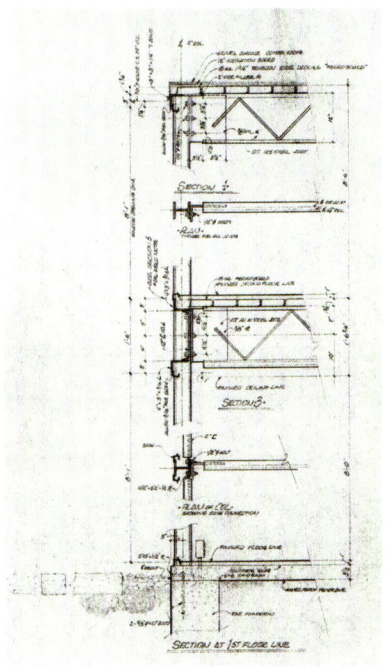

Casa Eames, maquete do detalhe do caixilho, detalhes estruturais e definição dos caixilhos, maquete da casa, elevação, planta do térreo, perspectiva isométrica do detalhe do caixilho, Los Angeles. Charles e Ray Eames, 1945-49
Eames House, model of the window frame detail, structural details and window frame definition, model of the house, elevation, floor plan, isometric drawing of the window frame detail, model of the set, Los Angeles, California. Charles and Ray Eames, 1945-49

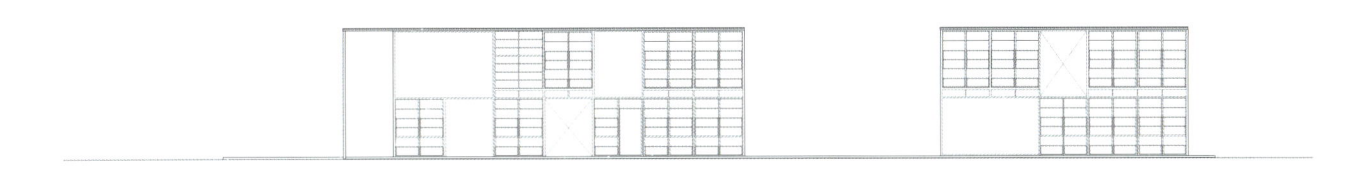

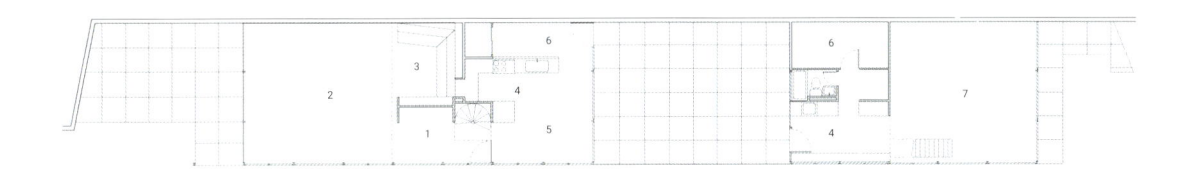

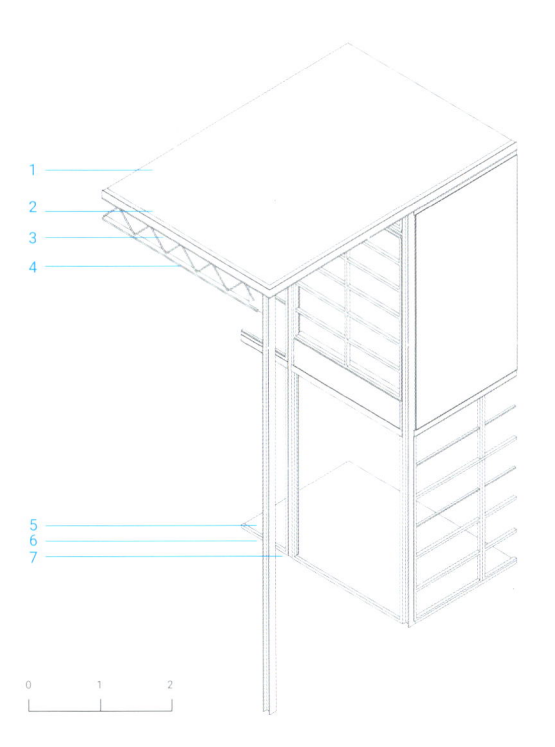

Planta do térreo / Elevação
Floor plan / Elevation

1. Entrada | Entrance
2. Sala de estar | Living room
3. Sala de leitura | Reading room
4. Cozinha | Kitchen
5. Sala de jantar | Dining room
6. Serviços | Utility room
7. Estúdio | Studio

Projeção axonométrica
Axonometric projection

1. Granilite | Gravel surface
2. Camada de insolamento | Insulation board
3. Laje steel deck | Steel deck slab
4. Treliça de metal | Steel joist
5. Piso acabado | Finished floor line
6. Contrapiso de concreto | Cement flooring
7. Membrana de impermeabilização | Waterproof membrane

Casa de Vidro, área de trabalho de Pietro
Maria Bardi, São Paulo SP. Lina Bo Bardi,
1949-51
Glass House, Pietro Maria Bardi's
workspace, São Paulo SP. Lina Bo Bardi,
1949-51

A vida nas casas

A Casa de Vidro dos Bardi e a Casa Eames foram espaços de intenso trabalho criativo para os dois casais e se tornaram testemunho de uma produção artística e intelectual que ultrapassou em muito as qualidades intrínsecas a seus projetos. Os diversos arranjos das coleções de objetos e obras de artes, bibliotecas, estúdios e oficinas demonstram a flexibilidade desses espaços modernos. Escapam do projeto as pilhas de livros e objetos amontoados ao longo da vida dos casais, revelando certa confusão que contrasta com a clareza de suas obras. De costas para a biblioteca e voltada para o plano de vidro e o jardim, a escrivaninha de Pietro forma um formidável nicho de trabalho intelectual.

Além de documentar cenas de uma animada vida cotidiana nas casas, os registros fotográficos nos acervos contam um pouco a história de vida de seus moradores e permitem a identificação das redes sociais em que se inseriam.

São imagens que servem também para desfazer os mitos sobre a impossibilidade de vida doméstica em casas modernas.

Casa Eames, Charles Eames trabalhando em seu escritório, Los Angeles, Califórnia. Charles e Ray Eames, 1945-49
Eames House, Charles Eames working in his office, Los Angeles, California. Charles and Ray Eames, 1945-49

Casa de Vidro, área de trabalho de Lina Bo Bardi, São Paulo SP. Lina Bo Bardi, 1949-51
Glass House, Lina Bo Bardi's workspace, São Paulo SP. Lina Bo Bardi, 1949-51

Casa Eames, cerimônia do chá feita por Isamu Noguchi e Shirley Yamaguchi. Sentado no meio, à direita, Charlie Chaplin juntamente com Ray Eames e outros convidados, Los Angeles, Califórnia
Eames House, tea ceremony performed by Isamu Noguchi and Shirley Yamaguchi. Sitting in the middle, on the right, Charlie Chaplin along with Ray Eames and other guests, Los Angeles, California

Casa de Vidro, Lina Bo Bardi recebendo Dulce Maia, à direita, e outros convidados, c.1980, São Paulo SP. Lina Bo Bardi, 1949-51
Glass House, Lina Bo Bardi welcoming Dulce Maia, on the right, and other guests, c.1980, São Paulo SP. Lina Bo Bardi, 1949-51

Life Inside the Houses

The Bardi's Glass House and the Eames House were environments of intense creative work by both couples and became testimonies of an art and intellectual production that far exceeded their projects intrinsic qualities. Several different sets of object and art collections, libraries, studios and workshops prove the flexibility of these modern spaces. The piles of books and objects gathered along the couple's lifetime exceed the immediate scope of their projects, reveling a certain confusion that contrasts with the clarity of their works. Facing backwards to the library and turned towards the glass plane and the garden, Pietro's desk forms an ideal niche for intellectual work.

Besides documenting scenes from a joyful daily life inside the houses, these catalogued photographic records tell us a little about the life-story of their inhabitants and make possible to identify the social networks they participated in.

These images have also the power to dissemble myths about the impossibility of domestic life in modern houses.

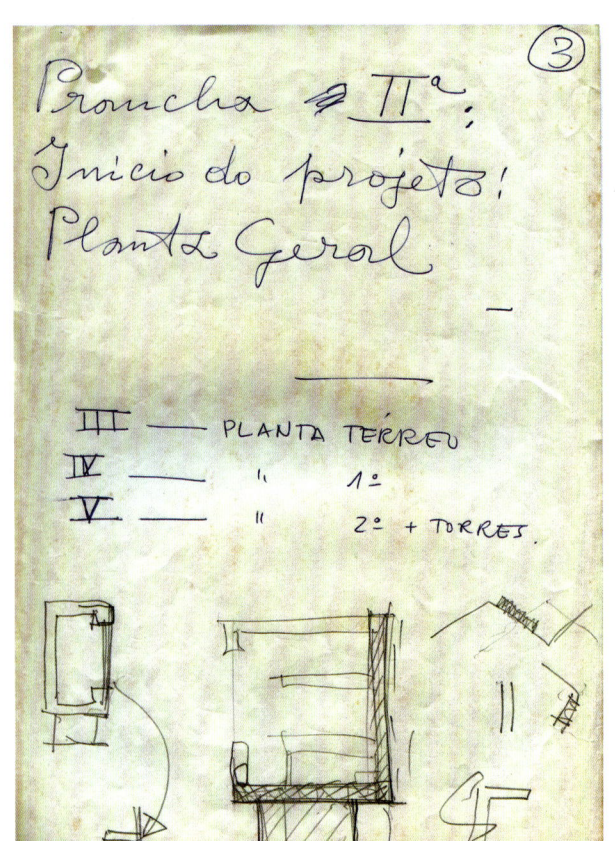

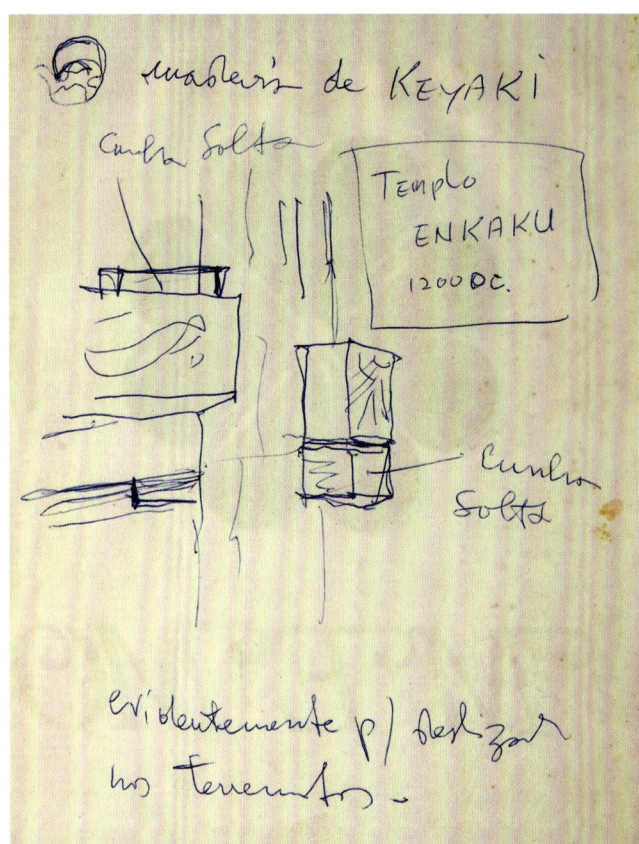

Prefeitura de São Paulo, estudos, São Paulo SP. Lina Bo Bardi, c.1990
São Paulo Town Hall, studies, São Paulo SP. Lina Bo Bardi, c.1990

Templo Enkaku, croquis de estudo da estrutura, Japão. Lina Bo Bardi, 1978
Enkaku Temple, sketches of structural study, Japan. Lina Bo Bardi, 1978

Os desenhos de Ray e Lina

O uso de papéis em pequenos formatos para croquis é outro ponto em comum entre Ray e Lina. Útil para registrar e desenvolver ideias em qualquer lugar ou momento, os desenhos de ambas as arquitetas se assemelham no traço, mas o recurso a textos auxiliares diferencia os croquis de Lina.

Ray and Lina's Drawings

The use of paper in small formats for design projects is another feature Ray and Lina have in common. Useful to document and develop ideas on whatever moment or place they might occur, the drawings by both architects are similar as regards to their traits, yet the resort to auxiliary texts differentiates Lina's drawings.

Croquis de estudo, Ray Eames
Study sketches, Ray Eames

Jardim de Pedra do templo Ryoanji, Quioto, Japão. Foto Lina Bo Bardi, abr. 1973
Stone Garden of the Ryoanji Temple, Quioto, Japan. Photo Lina Bo Bardi, April 1973

Templo Ryoanji, Philip Johnson no templo, Quioto, Japão
Ryoanji Temple, Philip Johnson at the temple, Quioto, Japan

Casa de Vidro, Lina Bo Bardi em sua casa após sua segunda viagem ao Japão
Glass House, Lina Bo Bardi at her home after her second trip to Japan

Arquitetura japonesa para Lina, Ray e Philip

A importância da cultura japonesa para a arquitetura moderna é explicitada aqui em duas situações do registro do Jardim das Pedras do templo Ryoanji, em Kyoto: o feito por Lina, em abril de 1973, e o de George Kunihiro, que em 1992 fotografou Johnson em atitude de contemplação.

As fotos de Ray e Lina (1978) sentadas no chão de suas casas remete à simplicidade *wabi*, conforme escritos de Lina.

Japanese Architecture for Lina, Ray and Philip

The importance of Japanese culture to modern architecture is here displayed in two situations when the Garden of Stones in Ryoanji Temple, Kyoto, was documented: the one made by Lina in April 1973 and George Kunihiro's, who in 1992 photographed Johnson in contemplative attitude.

According to Lina's writings photographs of her with Ray (1978), both sat down on her house's floor, allude to *wabi* simplicity.

Ray Eames em sua casa
Ray Eames at her home

Lina Bo e Pietro Maria Bardi na Casa de Vidro em 1990
Lina Bo and Pietro Maria Bardi at the Glass House in 1990

Os proprietários e o destino das quatro casas

Os arquitetos e proprietários pensaram na destinação de seu legado, tanto em relação à preservação de suas casas quanto de seus acervos pessoais e profissionais. Todas as casas são reconhecidas hoje como patrimônio cultural em seus países e constituem exemplos emblemáticos do movimento moderno após a Segunda Guerra Mundial.

Lina Bo e Pietro Maria Bardi solicitaram o tombamento da Casa de Vidro em 1986 e, em 1990, criaram o Instituto Bardi para atuar na promoção das artes e da arquitetura. O instituto preserva hoje a casa e o acervo do casal.

Após a morte de Charles Eames em 1978, Ray Eames aventou diversas possibilidades para a preservação da casa. Coube a Lucia Eames, no entanto, executar esse projeto com a criação, em 2004, da Fundação de Preservação da Casa Charles e Ray Eames Inc., conhecida como Fundação Eames, que mantém a casa e os programas de visitação.

Philip Johnson doou em 1986 sua casa de vidro, com todo seu acervo arquitetônico e artístico, ao National Trust for Historic Preservation, com usufruto até sua morte e de seu companheiro David Whitney, ambas ocorridas em 2005. Dois anos depois, o National Trust for Historic Preservation abriu a casa ao público para visitação.

The Owners and the Future of the Four Houses

Both architects and owners have given serious thought to the future of their heritage regarding preservation to their houses, so as to their personal and professional collections. All houses are today recognized as their countries cultural patrimony and constitute iconic examples of modernism after World War II.

Lina Bo Bardi and Pietro Maria Bardi requested historical protection for Glass House in 1986 and created the Bardi Institute to promote art and architecture in 1990. Nowadays the Institute preserves all houses, together with the couple's collection.

After the passing of Charles Eames in 1978, Ray Eames considered several possibilities to assure the house's preservation. It fell to Lucia Eames however to implement this project, starting by the creation of Charles and Eames Preservation Foundation Inc., also known as Eames Foundation, an institution that sees to the house maintenance and organize visiting programs.

In 1986 Philip Johnson donated his glass house and his entire architectonic and artistic collection to the National Trust for Historic Preservation, with life interest preserved until his and his companion's David Whitney death, both of which happened in 2005. Two years later, the National Trust for Historic Preservation has opened the house for visitation.

Philip Johnson na Casa de Vidro em 2003
Philip Johnson at the Glass House in 2003

Charles e Ray Eames no escritório da Casa Eames, local para filmagem do filme Toccata for Toy Trains, 1957
Charles and Ray Eames in the studio of the Eames House, set for shooting the film *Toccata for Toy Trains*, 1957

Edith Farnsworth e Mies van der Rohe

> Mies fala do seu 'espaço livre': mas seu espaço é muito fixo. Não posso nem colocar um mancebo na minha casa sem considerar como ele afeta tudo a partir do exterior. Qualquer arranjo de mobília se torna um grande problema, porque a casa é transparente como um raio X.[12]

As reclamações públicas da cliente na revista *House Beautiful*, em 1951, foram publicadas enquanto corria a ação judicial da proprietária contra o arquiteto pelo fato de a obra ter ultrapassado muito os custos do contrato. De contratante admiradora de Mies, em pleno reconhecimento nos EUA, ela passa a cliente insatisfeita. Após perder a ação, ocupa a casa com seus móveis de modo contrário ao especificado pelo arquiteto, questionando sua concepção como *obra de arte total*. O conflito gerou interpretações controversas de historiadores e biógrafos. Franz Schulze, em 1985, insinuou que se tratava de um caso romântico entre ambos, citando uma frase atribuída a Mies pela revista *Newsweek* em 1969: "a senhora esperava que o arquiteto viesse com a casa".[13]

Forma-se uma narrativa que seria reafirmada por vários anos, mesmo sem evidências documentais que lhe dessem suporte, ocultando o que pode ter sido uma mera insatisfação com as condições de habitabilidade da casa.[14] As declarações

Casa Farnsworth, interior após restauração e inserção do mobiliário especificado por Mies van der Rohe, Plano, Illinois. Mies van der Rohe, 1945-51
Farnsworth House, interior after the restoration and insertion of Mies van der Rohe's specified furniture, Plano, Illinois. Mies van der Rohe, 1945-51

Edith Farnsworth and Mies van der Rohe

> Mies speaks about his 'free space'; but his space is all too rigid. I'm not even allowed to place a hanger anywhere without considering how it affects everything, starting from the exterior. The most simple furniture arrangement becomes a great problem because the house is as transparent as an x-ray.[12]

These public complaints by Edith Farnsworth in *House Beautiful* magazine from 1951 were published at the same time the lawsuit filed by the owner against the architect was still on-going given to construction costs having exceeded those established by contract. Once contracting party and admirer of Mies, who was then experiencing full acknowledgement in the U.S., she turns into a dissatisfied client. After losing the case, she crowds the house with furniture, contradicting specifics spell out by the architect and questioning his conception as Gesamtkunstwerk (the *all-embracing art form*). The conflict gave rise to controversial interpretations from historians and biographers. In 1985, Franz Schulze implied that it was no more than a secret love-affair, quoting a phrase assigned to Mies by *Newsweek* magazine in 1969: "The lady expected the architect to go along with the house."[13]

Here a narrative is formed that would be repeated for several years, regardless of any documented evidence, eliciting what may have been a mere dissatisfaction

da entrevista à *House Beautiful*, em plena Guerra Fria e em meio aos processos macarthistas, foram usadas como comprovação de que o estilo internacional introduzido pelos arquitetos alemães teria origem bolchevique e seria antiamericano. A publicação recebeu apoio de Frank Lloyd Wright, escolhido pela revista como exemplo a ser seguido.[15] A disputa pelo mercado de construção das casas do American Dream encontra aqui um capítulo especial. A doutora Farnsworth usou a casa até a construção da ponte e rodovia ao lado, em 1968. Em 1972 a vendeu para o colecionador inglês Peter Palumbo. O novo proprietário retirou o mobiliário e os acréscimos feitos por ela, contratando Dirk Lohan, neto de Mies, para refazer o projeto de acordo com as intenções do arquiteto.

Em 2003, após ter sido colocada à venda por Palumbo, a casa foi comprada pela associação Friends of the Farnsworth House e, em seguida, doada para o National Trust For Historic Preservation and Landmarks Illinois.

Notas

1. BERGDOLL, Barry. *European Architecture* 1750-1890. Oxford/Nova York, Oxford University Press, 2000, p. 207-213.
2. RUSKIN, John. *The Opening of the Crystal Palace*. Boston, Aldine Book Pub., 189-. Disponível in <http://hdl.handle.net/2027/gri.ark:/13960/t18k9z04b>.
3. BUCHER, Lothar. Kulturhistorische Skizzen aus der Industrieausstellung aller Völker. Frankfurt, 1851. Apud Giedion, Sigfried (1941). *Espaço, tempo e arquitetura: o desenvolvimento de uma nova tradição*. São Paulo, Martins Fontes, 2004, p. 277-278.
4. BERMAN, Marshall. *Tudo que é sólido desmancha no ar*. São Paulo, Companhia das Letras, 1987, p. 226.
5. Idem, ibidem, p. 15.
6. SCHWARTZ, Frederic J. *The Werkbund, Design Theory & Mass Culture before the First World War*. New Haven/London, Yale University Press, 1996, p. 26-46.
7. GIEDION, Sigfried. Op. cit., p. 513.
8. SCHWARTZ, Frederic J. Op. cit., p. 184.
9. SCHEERBART, Paul. Glass Architecture. In CONRADS, Ulrich (1914). *Programs and Manifestoes on 20th-Century Architecture*. Massachusetts, The MIT Press, 1971, p. 32-33. Tradução do autor.
10. BENJAMIN, Walter. Experiência e pobreza. In BENJAMIN, Walter. *Magia e técnica, arte e política: ensaios sobre literatura e história da cultura*. Obras escolhidas v. 1. São Paulo, Brasiliense, 1986, p.117-118.
11. BARDI, Lina Bo. Casas de Vilanova Artigas. *Habitat*, n. 1, São Paulo, out./dez. 1950, p. 2-16.
12. BARRY, Joseph A. Report on the American Battle Between Good and Bad Modern Houses. *House Beautiful*, n. 95, Nova York, mai. 1953, p. 266-270.
13. Schulze, Franz. *Mies van der Rohe: A Critical Biography*. Chicago, University of Chicago Press, 1985, p. 252.
14. Wendl, Nora. Uncompromising reasons for going west: a story of sex and real estate, reloaded. *Thresholds*, n. 43, Cambridge, abr. 2015, p. 20-33, 346-361.
15. Kuli, Vladimir; Parker, Timothy; Penick, Monica; Steiner, Frederick. *Sanctioning modernism: architecture and the making of postwar identities*. Austin, University of Texas Press, 2014.

with the house's inhabitance conditions[14] Some of the statements in this interview, granted to the *House Beautiful* magazine during the Cold War in midst of the Macarthist prosecutions, were used as proof that the international style introduced by German architects would be of Bolshevik origin and therefore anti-American. The magazine received support from Frank Lloyd Wright, who was the chosen by it as a role model.[15] An all so peculiar chapter of the market dispute for constructing the house of the American Dream. Dr. Farnsworth used the house up until the building of the bridge and highway compound near by in 1968. In 1972, she sold it to the British collector Peter Palumbo. The new owner withdrew the furniture and some of her additions, then hired Dirk Lohan, Mies' grandson, to rebuild the project according to the architect's primary intentions.

In 2003, after being placed on sale by Palumbo, the house was purchased by Friends of the Farnsworth House association and then donated to the National Trust For Historic Preservation and Landmark Illinois.

Notes

1. Barry Bergdoll, *European Architecture* 1750-1890 (Oxford/New York: Oxford University Press, 2000), 207-213.
2. John Ruskin, *The Opening of the Crystal Palace* (Boston: Aldine Book Pub., 189-), http://hdl.handle.net/2027/gri.ark:/13960/t18k9z04b.
3. Lothar Bucher, *Kulturhistorische Skizzen aus der Industrieausstellung aller Völker* (Frankfurt, 1851), quoted in Sigfried Giedion. *Space, Time and Architecture: The Growth of a New Tradition* (1941; repr., Cambridge: Harvard University Press, 2009), 253.
4. Marshall Berman, *All That is Solid Melts Into Air: The Experience of Modernity* (London: Penguin Books, 1988), 240.
5. Ibid., 15.
6. Frederic J. Schwartz, *The Werkbund, Design Theory & Mass Culture before the First World War* (New Haven/London: Yale University Press, 1996), 26-46.
7. Giedion, *Space, Time and Architecture*, 513.
8. Schwartz, *The Werkbund, Design Theory*, 184.
9. Paul Scheerbart, "Glass Architecture," in: *Programs and Manifestoes on 20th-Century Architecture*, ed. Ulrich Conrads (1914; repr., Cambridge/London: The MIT Press/Lund Humphries, 1970), 32-33.
10. Walter Benjamin, "Experience and Poverty," in: *Walter Benjamin: Selected Writings Volume 2, Part 2, 1931-1934*, eds. Michael W. Jennings, Howard Eiland and Gary Smith (Cambridge: Harvard University Press, 2005), 734.
11. Lina Bo Bardi, "Casas de Vilanova Artigas," *Habitat* 1, October/December 1950, 2-16.
12. Joseph A. Barry, "Report on the American Battle Between Good and Bad Modern Houses," *House Beautiful* 95, May 1953, 266-270.
13. Franz Schulze, *Mies van der Rohe: A Critical Biography* (Chicago: University of Chicago Press, 1985), 252.
14. Nora Wendl, "Uncompromising reasons for going west: a story of sex and real estate, reloaded," *Thresholds* 43, April 2015, 20-33, 346-361.
15. Vladimir Kuli, Timothy Parker, Monica Penick and Frederick Steiner, *Sanctioning modernism: architecture and the making of postwar identities* (Austin: University of Texas Press, 2014).

ENCONTRO NO MASP

Integrou a exposição *Casas de vidro* a vinda dos diretores e curadores da Casa Eames, Casa Farnsworth e Casa de Vidro de Philip Johnson, visando a troca de experiências em gestão do patrimônio histórico moderno. Foram realizados dois encontros. O primeiro, com especialistas envolvidos nos trabalhos de preservação e historiadores dedicados à conservação de exemplares de arquitetura moderna, na Faculdade de Arquitetura e Urbanismo da USP, no dia 9 de outubro de 2017. O segundo, somente com os curadores e aberto ao público, no Masp, no dia 11 de outubro de 2017.

Casa Eames
Lucia Dewey Atwood
Eames Foundation, Diretora, 250 Year Project

Charles e Ray Eames ficaram conhecidos como designers industriais e de mobiliário, cineastas, fotógrafos, designers de brinquedos, designers de exposições e arquitetos.

Em 1949, no início de suas carreiras, Charles e Ray projetaram e construíram para si mesmos uma casa em Los Angeles, na Califórnia. Ela foi construída sobre ideias: desde sua concepção até o modo como foi habitada pelo casal, a Casa Eames ofereceu um vislumbre da abordagem de Charles e Ray para o design.

A casa foi projetada no contexto do programa Case Study Houses – CSH, organizado pela revista *Arts & Architecture*, e ficou conhecida como CSH n. 8. O programa desafiava a comunidade de arquitetos a atender uma necessidade urgente: abrigar os milhões de soldados que retornavam para casa depois da Segunda Guerra Mundial. E questionava: como os novos materiais e processos desenvolvidos durante os anos de guerra poderiam ser usados para construir moradias de forma rápida, econômica e que expressassem o modo de vida do homem no mundo moderno?

A reação dos Eames foi usar componentes produzidos em larga escala e que pudessem ser encomendados por catálogo. Escolheram um sistema modular de aço e vidro que já vinha sendo usado em fábricas e na construção de edifícios. Se o aço era mais caro que a madeira e outros materiais de construção tradicionais, em contrapartida sua rápida montagem economizava mão de obra. Parece natural hoje, mas o uso desse sistema em uma residência foi um choque na época.

E o produto final ficou lindo: Charles e Ray celebraram o *uso honesto dos materiais* tanto quanto a beleza que emana de uma solução clara e bem pensada para uma necessidade.

A casa foi resultado de uma profunda exploração que os Eames fizeram do local escolhido e de suas necessidades como moradores, processo que abrangeu desde estudos de iluminação até esboços das atividades ali pretendidas. O projeto é um exemplo de muitos dos temas que podem ser encontrados ao longo da obra do casal, dentre os quais: produção em massa, uso honesto dos materiais, processos repetitivos e antecipação de necessidades.

Para melhorar tanto vida quanto trabalho, Charles e Ray projetaram duas estruturas: uma residência e um estúdio. Neste, criariam um *corpus* diversificado

MASP ENCOUNTER

Along with the exhibition *Glass Houses* two encounters were held with the presence of the directors and curators of the Eames House, Farnsworth House and Philip Johnson's Glass House, aiming the exchange of experiences in historical heritage management. The first with specialists involved in preservation works and historians dedicated to the preservation of modern architecture at the Architecture and Urbanism Faculty of USP, on October 9, 2017. The second one only with the curators and open to the public, at MASP, on October 11, 2017.

Eames House
Lucia Dewey Atwood
Eames Foundation, Director, 250 Year Project

Charles and Ray Eames are known for being furniture and industrial designers, filmmakers, photographers, toy makers, exhibition designers, and architects.

In 1949, early in their career, the couple designed and built their home in Los Angeles, California. It was built on ideas: from its conception to its living, the Eames House provides a glimpse into how Charles and Ray approached design.

Their home (known as Case Study House #8) was designed under *Arts & Architecture* magazine's innovative CSH Program. The program challenged the architectural community to address an urgent need: to house the millions of soldiers returning home from World War II. It asked how the new materials and processes developed during the war years could be used to build homes inexpensively and quickly, while expressing man's life in the modern world.

The Eameses' response was to utilize mass-produced components ordered from catalogues. They chose a modular bay system of steel and glass that was already being used in factories and manufacturing buildings. While the steel was more expensive than wood or other traditional building materials, its rapid assembly saved on labor costs. We may take it for granted now, but the use of this system in a residence was a shock.

And it is beautiful: Charles and Ray celebrated the *honest use of materials* and the beauty that flows from a clear, well thought out solution to a need.

The house was the product of the Eameses' deep explorations of their site and needs, from light studies to sketches of intended activities. It exemplifies many of the themes seen across all the Eameses' work, including mass production, honest use of materials, iterative process and anticipating the need.

To facilitate their life in work and work in life, Charles and Ray designed two structures: a residence and a working studio, where they created a diverse body of work including Toccata for Toy Trains and the House of Cards. They added flexibility with two-story high great rooms, which accommodated tea ceremonies, filming, product shoots, and more.

Nestled into a hillside, bordered by trees, with the meadow green or brown depending upon the season, their home was integrated with nature, serving as a *shock absorber*. The open courts between and on either side of the two structures

de trabalhos, como a Toccata for Toy Trains (Tocata para Trens de Brinquedo) e a House of Cards (Casa de Cartas). Eles acrescentaram flexibilidade a grandes cômodos de dois andares de altura, capazes de acomodar cerimônias de chá, filmagens artísticas e de produtos e outras atividades.

Acomodado à beira de uma colina margeada por árvores, em uma planície que fica verde ou castanha conforme a estação, o lar dos Eames se integrou à natureza, servindo como um *amortecedor de choques*. Os pátios situados entre e ao lado das duas estruturas são como cômodos adicionais para a vida ao ar livre: um espaço adequado para o café da manhã, uma entrada onde os convidados podem ser recebidos, uma área de trabalho.

Na área de convivência, cada elemento da estrutura incorpora a natureza. O vidro e os caixilhos delgados são peças-chave dessa inter-relação. Aqui na sala de estar, vê-se uma combinação de vidro transparente e translúcido. Como medida de segurança, os Eames também utilizaram vidro reforçado com arame no estúdio, assim como na claraboia da residência.

O posicionamento de diferentes tipos de vidro sugere a função dos espaços: na cozinha do estúdio, o vidro com tela de galinheiro deixa margem clara para a experimentação. Painéis translúcidos na porta principal e em balcões específicos da cozinha sugerem espaços mais privados. No entanto, a cozinha e a entrada dão uma sensação de abertura, conforme se permite a entrada da luz e das manchas impressionistas formadas pelas cores das plantas.

A luz bate por toda parte, o que cria problemas (ainda em estudo) para a conservação dos móveis e acabamentos.

Outro desafio é a ferrugem. Durante as chuvas mais pesadas do inverno, a força da água, ao correr pela fachada da casa, rompe a vedação entre o vidro e o sistema de fixação do caixilho, permitindo que a água se acumule sobre a moldura de aço. Embora o telhado ainda esteja em bom estado, essa descoberta levou a uma reestruturação, com a adição de um sistema de calhas e rufos que redireciona o fluxo da água.

are additional rooms—a favorite breakfast spot, an entry where guests are greeted, and a working area—that embrace being outside.

In its living, every element of the structure embraces nature. The glass and thin frame are a critical element of this relationship. Here in the living room, you see a combination of transparent and translucent glass. The Eameses also used wire-reinforced glass (a safety feature) in the studio as well as the residence's skylight.

The placement of the different glass suggests the function of the spaces: The Studio's chicken wire glass clearly allowed experimentation. Translucent panels in the front door and selected kitchen bays suggest more private spaces. And yet the kitchen and entry feel open, as light and impressionistic blurs of plant colors are let in.

Light hits everywhere, which presents a problem (under study) for the contents and finishes.

Another challenge is rust. During the heaviest of our winter rains, the force of the water streaming down the house's façade breaks the seal between glass and glazing and allows water to sit on the steel frame. While still in good shape, this finding drove a redesign of the flat roof by adding a curb and gutter system to redirect the water flow.

The importance of the meadow cannot be over-estimated. Charles and Ray loved the meadow landscape, whether dry (summer) or green (winter). It actually drove a redesign of the house.

The first design, by Charles and his best friend Eero Saarinen, was called the Bridge House. It was cantilevered across an open meadow, with a studio to the side.

After a two-year wait, the steel arrived. During this time, the Eameses visited the site frequently and realized that they did not want to do what many architects have done: to destroy what they loved most by building right on it.

Lucia Dewey, Sol Camacho, Renato Anelli, Maurice D. Parrish, Hilary Lewis, Scott Drevnig, encontro no Masp, 11 de outubro de 2017
Lucia Dewey, Sol Camacho, Renato Anelli, Maurice D. Parrish, Hilary Lewis, Scott Drevnig, MASP encounter, October 11, 2017

A importância da campina não pode ser subestimada. Charles e Ray adoravam essa paisagem, tanto seca (no verão) quanto verde (no inverno), e esse elemento conduziu a um redesenho da casa.

O primeiro projeto, desenvolvido por Charles e seu melhor amigo, Eero Saarinen, chamava-se Casa Ponte (Bridge House). Era uma estrutura em balanço se projetando sobre a vegetação rasteira, com um estúdio ao lado.

Depois de uma espera de dois anos, o aço foi entregue. Ao longo desse período os Eames visitaram o local com frequência, até chegarem à conclusão de que não queriam fazer o que muitos arquitetos haviam feito: destruir aquilo que mais amavam ao construir sobre a área.

Charles e Ray alteraram então o projeto, situando a residência e o estúdio de trabalho na colina. Em vez de mirar o oceano, a construção tornou-se parte de um todo, "equilibrada com o mar, a relva, as árvores e toda a vasta ordem da natureza", tal como está declarado originalmente no briefing do projeto. Como muitos já notaram, trata-se de uma casa que desaparece em reflexos e entre as árvores.

Depois do falecimento de Charles em 1978, Ray explorou diversos métodos de preservação da Casa Eames. Ao final, Ray escolheu dar a casa a Lucia Eames (enteada dele, minha mãe) para que ela pudesse continuar a elaborar um plano para o local.

Em 2004, ela criou uma fundação sem fins lucrativos: a Charles and Ray Eames House Preservation Foundation, Inc. Minha mãe tinha uma forte impressão de que o lugar como um todo, inclusive os móveis e a paisagem, oferecia intuições sobre os processos e visões dos Eames para a vida e para o trabalho. Era sua intenção que os visitantes obtivessem uma experiência direta de como Charles e Ray viveram, para que pudessem desenvolver suas próprias percepções a respeito.

Em uma abordagem bastante eamesiana, as duas estruturas são apresentadas de modo muito diverso. A residência foi mantida exatamente como estava quando Ray faleceu em 1998. O estúdio, hoje sede da fundação, foi mobiliado para atender as necessidades atuais.

Para preservar o espírito daquela que foi a morada de Charles e Ray, desenvolvi nosso 250 Year Project: um plano para que, quando seus tataranetos visitarem a Casa Eames, eles tenham acesso à mesma experiência autêntica que vocês têm hoje.

O plano requer uma abordagem holística para a conservação da estrutura, de seus móveis, da paisagem e de aspectos intangíveis. Junto com os arquitetos do escritório Escher GuneWardena, cumprimos a primeira fase de nosso 250 Year Project, dedicada à contenção da infiltração de água e a algumas reformas essenciais na sala de estar. Tivemos a extraordinária sorte de sermos escolhidos como o primeiro caso do programa Conserving Modern Architecture Initiative, do Getty Conservation Institute – GCI. As investigações e sugestões do GCI deram novos contornos à nossa compreensão sobre as necessidades da casa e contribuíram para melhorar nossas soluções, que serão compartilhadas ao final de 2018 no Eames House Conservation Management Plan.

Obrigada!

So Charles and Ray changed the design, nestling the residence and working studio into the hill. Instead of being focused on the ocean, the structure became part of a whole, "balanced with the sea, the meadow, the trees, and the whole vast order of nature" as originally stated in their design brief. As many have observed, it is a house that disappears into the reflections as well as the trees.

After Charles died in 1978, Ray explored various methods of preserving the Eames House. Ray ultimately chose to give the house to Lucia Eames, her stepdaughter and my mother, so she could continue to develop a plan.

In 2004, my mother created a non-profit foundation: the Charles and Ray Eames House Preservation Foundation, Inc. She felt strongly that the site as a whole, including contents and landscaping, provided insights into the Eameses' processes and approaches to living and working. She intended for visitors to have that direct experience of the way that Charles and Ray lived, so that they could form their own understandings.

In a very Eamesian approach, the two structures are presented quite differently. The residence is kept as it was when Ray passed in 1988. The Studio, now the foundation's headquarters, is furnished to meet today's needs.

To retain the spirit of being Charles and Ray's home, I evolved our 250 Year Project: The plan for ensuring that when your great, great, great grandchildren come to visit the Eames House, they have the same authentic experience as you have today.

It requires a holistic approach to the conservation of the structure, its contents, the landscape and the intangibles. With architects Escher GuneWardena, we completed Phase One of our 250 Year Project, which was focused on stopping water intrusion and key work in the living room. We are extraordinarily fortunate to be the first case in the Getty Conservation Institute's Conserving Modern Architecture Initiative – GCI. The GCI's investigations and insights have shaped our understandings of the house's needs and improved our solutions, which will be shared at the end of 2018 in the Eames House Conservation Management Plan.

Thank you!

A Casa Farnsworth de Mies van der Rohe
Maurice D. Parrish
Diretor Executivo, Farnsworth (aposentado)

É bastante apropriado iniciar uma discussão sobre a Casa Farnsworth apresentando a cliente que a encomendou. Nascida em 1903, Edith Farnsworth era membro de uma família abastada e socialmente proeminente de Chicago, Illinois. Inicialmente estudou música e desejava ser violinista clássica profissional. Depois de estudar na Itália, desistiu da música como carreira e retornou a Chicago, onde ingressou na escola de medicina.

A doutora Farnsworth tornou-se uma clínica geral bem sucedida e especializou-se no tratamento de crianças com graves doenças renais. Em 1949, começou a planejar a construção de um calmo retiro rural para descansar das pressões do trabalho como médica na cidade. Para tanto, convenceu uma amiga da família a lhe vender 3,6 hectares de terreno ao longo do Rio Fox, em uma área de fazendas situada 96,5 quilômetros a oeste de Chicago. Além do interesse pela música, a doutora Farnsworth nutria uma paixão pela literatura e outras artes, entre elas a arquitetura. Portanto, não surpreende seu desejo de contratar um arquiteto que, no projeto de seu retiro, fizesse uma significativa contribuição para o campo do design.

Mies van der Rohe nasceu em Aachen, Alemanha, em 1886. Seu pai era do ramo da cantaria e, a certa altura, Mies juntou-se à empresa familiar. Mais tarde mudou-se para Berlim e iniciou sua carreira em arquitetura como aprendiz no escritório de Peter Behrens. Enquanto esteve em Berlim, Mies tornou-se membro integral do grupo de jovens formado por Walter Gropius, Le Corbusier e outros arquitetos que almejavam criar uma arquitetura desvinculada dos estilos históricos ou nacionalistas. Mies foi parte essencial da rebelde empreitada intelectual que levou à criação do que hoje conhecemos como modernismo – uma abordagem da arquitetura que enfatiza a expressão clara e honesta da estrutura, do espaço, dos materiais e do equilíbrio visual, rejeitando a decoração e outros subterfúgios estilísticos.

Mies fugiu da Alemanha em 1937, depois que o governo fechou a escola de design Bauhaus, da qual era diretor. Fixou então residência em Chicago, onde deu continuidade a seu ofício, aceitando o cargo de chefe do Illinois Institute of Technology – IIT. Seus projetos para o campus do Instituto, para as elevadas torres residenciais nos números 880 e 890 da North Lake Shore Drive, bem como para o edifício Seagram, em Nova York, transformaram-no em um notório e respeitado arquiteto na cidade que adotou. Quando Mies e Edith Farnsworth encontraram-se na casa de um amigo comum, ela o informou de seu plano de construir uma casa de campo e perguntou a ele se conhecia quem pudesse se interessar em projetá-la.

Por muitos anos, Mies esteve intrigado pela ideia de explorar o design de uma estrutura modernista que idealizara, despida de decoração e reduzida a elementos essenciais, sem jamais ter encontrado um cliente disposto apoiar a ideia. A perspectiva de projetar um retiro de fim de semana para uma cliente interessada em fazer sua contribuição à arquitetura deu a Mies a oportunidade de realizar esse sonho. Depois de uma longa pausa na conversa, Mies declarou a Farnsworth que teria prazer em projetar ele mesmo sua casa.

O projeto começou bem. Ao iniciar a construção, arquiteto e cliente passaram algum tempo juntos revisando as plantas e inspecionando o progresso da construção. Infelizmente, desavenças sobre custos adicionais e sobre decisões de projeto prejudicaram irremediavelmente o relacionamento dos dois. Terminaram por processar um ao outro e começaram a se comunicar somente por seus advogados.

Mies van der Rohe´s Farnsworth House
Maurice D Parrish
Executive Director, Farnsworth (Retired)

It is most appropriate to begin discussion of the realization of the Farnsworth House with a brief introduction of the client who commissioned the structure that bears her name. Born in 1903, Edith Farnsworth was a member of a wealthy and socially prominent family in Chicago, Illinois. She initially studied music and hoped for a career as a classical violinist. After studying in Italy she decided not to make music her career and returned to Chicago where she entered medical school. Dr. Farnsworth became a successful physician and specialized in treating children with serious kidney diseases. In 1946 Dr. Farnsworth began to plan to build a quiet rural retreat that would provide her some relief from the pressures of her medical work in the city. She convinced a family friend to sell her 9 acres of land along the Fox River in a rural farming area sixty miles west of the city. In addition to her interest in music, Dr. Farnsworth had a passion for literature and other arts, including architecture. So, not surprisingly, she hoped to retain an architect whose design of her retreat would make a significant contribution to the field of design

Mies van der Rohe was born in Aachen, Germany in 1886. His father was a stone mason and eventually Mies joined the family business. He later moved to Berlin and began his architectural career as an apprentice in the office of Peter Behrens. While in Berlin Mies became an integral member of a group of young architects that included Walter Gropius, Le Corbusier and others who were looking to create a new architecture that was not based on historical or nationalistic styles. Mies became an essential part of this rebellious intellectual pursuit that led to the creation of what we know as modernism – an approach to architecture that emphasizes an honest and clear expression of space, structure, materials and visual balance; and shuns applied decoration and other stylistic devices.

Mies fled from Germany in 1937 after the government closed the Bauhaus design school, where he was the director. He settled in Chicago where he continued his practice and accepted the position of head of the Illinois Institute of Technology – IIT. His designs for the school's campus, the high rise residential towers at 880 and 890 North Lake Shore Drive, and the Seagram Building in New York City had made him a very well-known and respected architect in his adopted hometown. So, when Mies and Edith Farnsworth met at the home of a mutual friend, she informed him of her plans to build a retreat and inquired if he knew anyone who would be interested in designing it for her.

Mies had, for many years, been intrigued with exploring the design of an idealized modernist structure, devoid of all decoration and reduced to it bare essentials; but, had been unsuccessful in finding a client to support this pursuit. The prospect of designing a weekend retreat for a client interested in making a contribution to architecture provided Mies with the opportunity to realize this dream. After a very long pause in the conversation, Mies stated that he would be pleased to design Farnsworth's house himself.

The project began well. Both client and architect spent time together going over the plans and inspecting progress at the site once construction began. Unfortunately, for Mies and Farnsworth, disputes over cost overruns and design decisions did irreparable damage to their relationship. Ultimately, they took legal actions against each other and communicated only through their attorneys.

Como resultado, Mies jamais visitou depois de pronta a casa que foi a realização de um conceito intelectual idealizado durante a maior parte de sua carreira.

A Casa Farnsworth foi imediatamente reconhecida em âmbito internacional como uma obra-prima icônica e continua a influenciar e a inspirar arquitetos e designers por todo o mundo. Ela põe em completa evidência os princípios norteadores do modernismo. Seus materiais restringem-se ao aço, ao vidro, à madeira e ao mármore travertino. A forma horizontal da estrutura é enfatizada pelos planos do assoalho e do teto, que se estendem para além da área vedada da construção. As paredes, com 360° de vidro do chão ao teto, permitem aos ocupantes manter contato permanente com o ambiente ao redor. A ausência de compartimentações interiores dá máxima flexibilidade ao modo como o espaço pode ser usado.

Por vinte anos, Edith Farnsworth desfrutou de seu refúgio de fim de semana ao longo de todas as estações do ano, apesar dos ocasionais alagamentos decorrentes das enchentes do Rio Fox. No entanto, quando a municipalidade tomou 0,8 hectare de sua propriedade para construir uma rodovia, acabando com sua tranquila reclusão, Farnsworth decidiu vendê-la.

Lord Peter Palumbo, um rico empresário do setor imobiliário do Reino Unido, adquiriu a casa e fez diversas adições significativas à propriedade. Além disso, contratou Dirk Lohan, neto de Mies e também arquiteto reconhecido, para mobiliar a casa do modo como Mies o faria caso Farnsworth tivesse permitido. Palumbo e sua família usaram a casa e a propriedade para recreação e como local de exposição de sua extensa coleção de objetos de arte ao ar livre. Em 1996, depois que as águas de uma enchente alcançaram a altura de 1,5 metro da casa, destruindo a mobília e causando danos estruturais, Palumbo gastou 500 mil dólares para repará-la e restabelecê-la.

Em 2003, depois de trinta anos com a propriedade, Palumbo levou a Casa Farnsworth a leilão na Sotheby's, em Londres. Preocupado com a perspectiva de que o comprador pudesse desmontá-la e movê-la para outro local, possivelmente fora dos Estados Unidos, um grupo de filantropos mobilizou-se para fundar a associação Friends of Farnsworth e conseguiu comprar a casa no leilão por 7,5 milhões de dólares. A associação doou a casa e o terreno ao National Trust for Historic Preservation e à Landmark Illinois. As duas instituições de preservação do patrimônio histórico, ambas sem fins lucrativos, passaram a gerir a casa como um museu aberto ao público. Em 2010, o National Trust comprou da Landmark Illinois os títulos da casa e, desde então, a administra como um dos vinte e sete locais históricos que estão sob sua guarda.

A programação pública na Farnsworth está dedicada à apresentação da história da casa e à divulgação do percurso das personalidades-chave em seu desenvolvimento e preservação. As atividades também se voltam a ajudar os visitantes a compreender o importante papel que a Casa Farnsworth e o modernismo tiveram e continuam a ter na evolução conceitual da arquitetura e de outras formas de expressão artística. Isso inclui visitações públicas à casa e a seu terreno; apresentações de artes performáticas e visuais; palestras e exposições. Além do trabalho regular de manutenção e restauração exigido na preservação desse marco histórico – como a substituição de vidros quebrados, reparo de madeira danificada e remoção de ferrugem das estruturas de aço – o National Trust está comprometido atualmente com um esforço de protegê-la das enchentes que sempre fizeram parte de sua história. O plano atual é instalar elevadores hidráulicos no subsolo. Esse sistema poderá ser ativado para erguer a edificação, mantendo-a fora de perigo sempre que os níveis das cheias ameaçarem danificar a casa e os objetos em seu interior. Após o refluxo das águas, a casa pode ser recolocada em sua posição original.

As a result, Mies never visited the completed project that was the realization of an intellectual concept he had pursued for most of his career.

The Farnsworth House was immediately recognized internationally as an iconic modernist masterwork and it continues to influence and inspire architects and designers worldwide. It puts Mies' use of the guiding principles of modernism on full display. Materials are limited to steel, glass, wood and travertine. The horizontal form of the structure is emphasized by the floor and roof planes that extend far beyond the enclosed area of the building. 360° of floor to ceiling glass walls allow occupants to be in constant contact with the surrounding environment. The absence of interior partitions allows for maximum flexibility in how the space is used

For 20 years, Edith Farnsworth enjoyed her weekend retreat during all seasons of the year, despite occasional flooding by the nearby Fox River. However, when the local government took two acres of her property in order to build a high-speed roadway that shattered the quiet seclusion of the house's setting, Farnsworth put the house up for sale.

Lord Peter Palumbo, a wealthy real estate developer from the United Kingdom, purchased the Farnsworth House and made several significant additions to the property. He also hired Dirk Lohan, Mies' grandson who is also a well-known architect, to furnish the house the way Dirk imagined that Mies would have if he had been allowed by Farnsworth. Palumbo and his family used the house and site as a recreational facility and as a place to display part of his extensive collection of outdoor art objects. In 1996, after flood waters reached a height of five feet inside the house destroying the furnishings and doing significant structural damage to the house, Palumbo spent US$500 thousand to restore and repair the house.

In 2003, after 30 years of ownership, Palumbo put the Farnsworth House up for auction by Sotheby's of London. Concerned by the prospect that a successful bidder might dismantle and move it to another site, possibly outside the United States, a group of philanthropists formed themselves into the Friends of Farnsworth and successfully purchased the house at auction for US$7.5 million. They gave the house and grounds to the National Trust for Historic Preservation and Landmarks Illinois, two non-profit historic preservation organizations, who began to operate the house as a museum, open to the public. In 2010 the National Trust bought out Landmarks Illinois' interest in the Farnsworth House and since then has been operating it as one of the 27 historic sites under its stewardship.

Public programming at Farnsworth focuses on presenting the history of the house, sharing the stories of the key individuals responsible for the development and preservation of this historic landmark and helping visitors understand the important role that the Farnsworth House and modernism had and continue to have in the evolving concepts of architectural design and other forms of artistic expression. This includes public tours of the house and grounds, visual and performing arts presentations; lectures and exhibits. In addition to the normal repair and restoration work required to preserve this landmark – such as replacing broken windows, repairing damaged wood and cleaning rusted steel –, the National Trust is currently engaged in an effort to protect the Farnsworth House from the floods that have been a part of its history from its beginning. Current plans are to install a hydraulic truss system below grade that can be activated to raise the house out of danger whenever flood levels threaten to damage the house and its contents. Once the waters recede, the house can be lowered back to its original position.

É uma honra ter sido convidado a participar desse projeto sobre as casas de vidro. Foi uma rara ocasião de ter sob minha responsabilidade quatro exemplos únicos de casas modernistas e de discutir as similaridades e contrastes entre elas no que se refere à história das pessoas responsáveis por sua criação bem como à história e preservação dos imóveis. E o mais importante: foi uma oportunidade de refletir sobre como devemos trabalhar para educar nossos visitantes quanto à relevância dessas estruturas icônicas. Por exemplo, cada uma das casas tem uma história de origem própria, mas foi esclarecedor descobrir que o elemento comum entre elas era a determinação de seus criadores em tornar realidade suas visões. Além disso, cada uma exigiu soluções inovadoras para uma série de detalhes de construção, o que demonstra como o modernismo tem seu foco na solução criativa de problemas, não na simples repetição.

O seminário foi um surpreendente fórum para todos nós. Pudemos ouvir e compreender como a próxima geração de arquitetos e designers vê a relevância do modernismo. Percebemos que eles estarão aptos a incorporar esses princípios em seu próprio trabalho na medida em que forem chamados a encontrar soluções novas e criativas para os problemas do ambiente construído.

O projeto também representou uma oportunidade única para que expositores e público pudessem desenvolver novas noções sobre essas quatro estruturas residenciais icônicas. Todas constituem virtuosas e singulares expressões do design modernista. Dispô-las juntas, para serem vistas e analisadas em conjunto, nos proporcionou uma experiência muito rica e gratificante.

Embora tenham muito em comum quanto ao design e aos materiais, cada uma das casas oferece um conjunto próprio de ensinamentos sobre sua relação com o entorno, sobre o uso eficiente de detalhes em vez de decoração, sobre a ênfase no volume espacial em detrimento da massa estrutural. É clara a *genealogia* de que partilham e igualmente evidentes as numerosas diferenças, algumas sutis, outras óbvias, mas todas importantes elementos da história do modernismo.

Quero agradecer muito a Renato Anelli, Sol Camacho e a todos do Instituto Bardi e da Casa de Vidro, que trabalharam com tanta diligência na organização da exposição e do seminário e que foram anfitriões tão encantadores.

I am honored to have been asked to participate in this project. This was a rare opportunity for the stewards of four unique examples of modernist houses to be able to present and discuss the similarities and contrasts among them in terms of the stories of the people responsible for their creation, the histories of the houses, the issues related to their preservation and, most importantly, how we work to educate our visitors about the continued relevancy of these iconic structures. For example, each of the houses has a different origin story, but it was enlightening to find that what they have in common is the determination of their creators to have their vision realized. Each also required the architect to develop innovative solutions for a variety of construction details, demonstrating that modernism focuses on creative problem solving – not repetition.

The seminar was a wonderful forum for all of us to hear from the next generation of architects and designers to understand how they perceive the relevance of modernism and feel they will be able to incorporate its principles into their work as they called upon to find new and innovative solutions to the problems of the built environment.

This project has also provided a unique opportunity for the presenters along with the public audiences to gain new insights into four iconic residential structures, each one masterful expression of the ideals of modernist design. Bringing them together to be viewed and analyzed collectively provides a very rich and rewarding experience.

While these four glass houses have much in common regarding design and materials each one offers its own set of lessons about its relationship to its environment, effective use of details rather than decoration, emphasis of spatial volume rather than structural mass. Their shared *geneology* is clear but also evident are many differences some subtle some obvious but all important elements in the story of modernism.

Many thanks to Renato Anelli, Sol Camacho and everyone at the Instituto Bardi and Casa de Vidro who worked so diligently to organize the exhibition and seminar; and were such gracious hosts.

A Casa de Vidro de Johnson hoje
Scott Drevnig, Diretor adjunto
A Casa de Vidro — Nova Canaã, Connecticut

Philip Johnson, aclamado arquiteto americano, colecionador e filantropo, fez da Casa de Vidro sua morada por mais de cinquenta anos. Hoje a casa figura como realização maior de sua paixão arquitetônica e é um ícone do modernismo internacional. Na Casa de Vidro, continuamos a celebrar essa conquista e o legado que ele e seu companheiro de vida, David Whitney, nos deixaram. Desde a primeira abertura à visitação pública, em 2007, nossa equipe em Nova Canaã, Connecticut, trabalha incansavelmente para preservar esse marco histórico e promover novas exposições, programas e iniciativas educacionais dedicadas à próxima geração. Contamos com o apoio de doadores para manter um espaço de relevância global e um bem cultural de caráter único.

Além dos agradáveis 20 hectares de terra, dispomos de catorze estruturas como parte de nosso campus, que estamos reabilitando e reabrindo aos visitantes. Quando Johnson entregou seu lar e propriedade ao National Trust for Historic Preservation em 1986, ele o fez com a condição de que o espaço fosse preservado para o futuro. Nenhuma das partes envolvidas previu, no entanto, o conjunto total de licenças e os constantes esforços de preservação que seriam necessários para manter esse lugar especial em pleno funcionamento.

A Casa de Vidro de Philip Johnson possui uma longa tradição e conta com uma série de apoios financeiros. São essenciais para as receitas obtidas durante nossa curta temporada: visitação, festa anual, assinaturas, eventos privados, venda de produtos na loja e central de visitantes, arrecadações, edições de artistas, rendimentos gerados por uma pequena doação feita por Philip Johnson e David Whitney e, principalmente, o apoio de generosos doadores que ajudam na conservação de nossos edifícios e terreno. Infelizmente, não dispomos de financiamento governamental para a tarefa a que nos propusemos.

Como guardiões deste campus, executamos diversas ações significativas de preservação. Todos os anos nossos esforços se dirigem a projetos para resguardar e preservar as estruturas, as coleções e a paisagem de nossa estimada propriedade. Recentemente finalizamos obras cruciais de restauração, como a substituição do teto da casa, a substituição do telhado da Galeria de Esculturas (1970) e a restauração da Galeria de Pinturas (1965). Há, porém, ainda muito a fazer enquanto nos preparamos para o futuro.

Em novembro de 2017, anunciamos o início da restauração da Casa de Tijolo (1949). Projetada por Philip Johnson como parte da composição original do espaço, a edificação serve como contraponto à transparência da Casa de Vidro e foi a primeira construção do terreno a ser concluída. Infelizmente, ela está fechada ao público desde 2008 devido a danos causados por infiltração. O Projeto de Restauração da Casa de Tijolo (The Brick House Restoration Project) inclui a restauração interior e exterior da construção, a conservação do acabamento interior e das coleções, bem como os aprimoramentos e melhorias mecânicas. O escopo da obra de manutenção inclui também as necessárias melhorias na drenagem, tendo em vista as características de nosso entorno.

A manutenção de uma residência e de uma paisagem modernistas exige que sejam levados em consideração muitos fatores-chave. Pedimos que continuem a apoiar os esforços que estão sendo feitos para preservar o modernismo nos Estados Unidos e mundo afora. A Casa de Vidro agradece pelo generoso apoio e sente-se honrada em servir de inspiração para as numerosas gerações que ainda estão por vir!

The Glass House Today
Scott Drevnig, Deputy Director
The Glass House — New Canaan, Connecticut

Philip Johnson, an acclaimed American architect, collector and philanthropist, made the Glass House (1947-1948) his home for more than 50 years. Today it stands as both his greatest realization of his architectural passion, and an icon of international modernism. At the Glass House, we continue to celebrate this and the legacy he and his longtime companion, David Whitney, left behind. Our team in New Canaan, Connecticut has worked tirelessly since our public opening in 2007, to preserve this historic place and develop new exhibitions, programs and educational initiatives for the next generation. We rely on the support of donors, large and small, to maintain a site of global significance and a unique cultural asset.

In addition to our pastoral 49 acres, we have fourteen structures as part of our campus that we are activating and reengaging for today's visitors. When Johnson gave his home and property to the National Trust for Historic Preservation in 1986, it was with the stipulation that our site would be preserved for the future. None of the parties involved however foresaw the full range of maintenance, permit issues and ongoing preservation that would be needed to keep this special place thriving.

Philip Johnson's Glass House has a long tradition to uphold and relies on a number of sources to meet our budget. Essential to our revenue during our short season is: tour revenue, an annual gala, memberships, a few private events, Design Store/Visitor Center merchandise sales, fundraising, artist editions, income from a small endowment left by Philip Johnson and David Whitney, and, most importantly, the support of generous donors to help maintain our buildings and grounds. Unfortunately, we do not receive government funding for what we are trying to accomplish.

As stewards of this campus, we have completed many important preservation projects. Each year we strive towards projects to preserve and protect the structures, collections and landscape of our treasured property. Recently we have accomplished many key restorations such as our just completed ceiling replacement for the house; the roof replacement for the Sculpture Gallery (1970); and a recent restoration of the Painting Gallery (1965). But there is so much more we need to do as we prepare for the future.

In November of 2017, we announced the beginning of the restoration of the Brick House (1949). Designed as part of the original composition of the site by Philip Johnson, the Brick House serves as a counterpoint to the transparency of the Glass House and was the first building completed on the property. Unfortunately, it has been closed to the public since 2008 due to extensive water damage. The Brick House Restoration Project includes exterior and interior restoration of the building, conservation of the interior finishes and collections, and mechanical upgrades and improvements. The scope of work will also include major drainage improvements appropriate to the landscape of our unique site.

Maintaining a modernist home and landscape demands that many key elements be considered. Please continue to support the efforts being made to preserve modernism in America and around the world today. The Glass House is grateful for generous support and honored to keep inspiring the many generations to come!

A construção de uma casa de campo: Philip Johnson e a Casa de Vidro
Hilary Lewis, Curador-chefe & diretor de criação
A Casa de Vidro — Nova Canaã, Connecticut
© 2018 The National Trust for Historic Preservation

Nascido em 1906, em uma família dotada de riqueza e educação em igual medida, Philip Johnson absorveu dela a sofisticação e o que ele chamava de "amplitude". O jovem Johnson viajou à Europa para conhecer arte e arquitetura, estudou filosofia e os clássicos. Recebeu incentivo intelectual especialmente de sua mãe, que buscava ensinar a seus filhos o melhor da arte e da cultura. Quando ingressou em Harvard em 1923, já falava grego e alemão e havia passado meses na Europa enquanto seu pai foi trabalhar em Genebra, Suíça, a partir de 1919.

Como graduando em Harvard, Johnson desenvolveu fascínio por filosofia e decidiu estudar sob a orientação do então chefe de departamento, o renomado filósofo e matemático Alfred North Whitehead, cujo colega, Bertrand Russell, tornou-se conhecido de Johnson. Do período de estudante, Johnson com frequência citaria Heráclito para a compreensão da inevitabilidade da mudança, algo que exerceria profundo impacto em sua produção arquitetônica. Também faria referências sobre o respeito de Nietzsche pelo poder da arte, citando o filósofo: "Temos a arte para não sucumbir sob a verdade".

Ao se graduar em 1930, sete anos após sua chegada a Cambridge para cursar Harvard, Johnson deixou a universidade e dirigiu-se a uma instituição que havia acabado de se formar em Nova York: o Museum of Modern Art – MoMA. Os meses que Johnson passou na Europa enquanto cursava a universidade, a partir do início de 1925, seriam essenciais como treinamento para o próximo capítulo de sua vida em Nova York.

O período na Europa proporcionou ao arquiteto uma visão privilegiada dos então florescentes movimentos da arte e da arquitetura modernas antes mesmo de conhecer o brilhante Alfred H. Barr Jr., o jovem historiador de arte e diretor-fundador do MoMA. Barr, ao final da década de 1920, lecionava no Wellesley College, que foi ao mesmo tempo a alma mater da mãe de Johnson e a escola onde suas duas irmãs estudaram. Esse vínculo lhe permitiu entrar em contato com Barr, que acabou por encontrar nele um colega e pupilo dedicado.

Para Philip Johnson, uma das mais efusivas demonstrações de apreço consistia em dizer que um indivíduo "tinha um olho". No caso de Barr, Johnson não somente o diria, mas também daria ao amigo um ilustre apelido. Para ele, Barr era Deus. O relacionamento entre ambos se estenderia por décadas. Barr foi responsável por dar-lhe o impulso para ocupar a posição inaugural de curador de arquitetura e design em sua jovem instituição, assim como contaria com Johnson para doações sistemáticas à medida que o MoMA construía um permanente acervo de arte.

Johnson foi curador muito antes de se tornar mais conhecido como arquiteto. Ele trabalhou diretamente em diversas mostras e supervisionou todo o departamento de arquitetura e design do MoMA. Talvez mais conhecido pela épica exposição da qual foi co-curador com o historiador de arquitetura Henry-Russell Hitchcock em 1932, Modern Architecture: International Exhibition, conhecida mais tarde como The International Style, Johnson também supervisionou uma série de outras exibições logo em seus primeiros anos de atuação no museu, dentre as quais: Objects 1900 and Today (1933) e Machine Art (1934).

Tendo conhecido Walter Gropius e Ludwig Mies van der Rohe na Bauhaus no final da década de 1920, Johnson desenvolveu um primeiro interesse por Gropius,

The Making of a Country Place: Philip Johnson and the Glass House
Hilary Lewis, Chief Curator & Creative Director
The Glass House — New Canaan, Connecticut
© 2018 The National Trust for Historic Preservation

Born in 1906 into a family with both wealth and education, Philip Johnson was seeped in sophistication and what he termed "broadening." Young Johnson experienced trips to Europe to see architecture and art, studied philosophy and the classics, and received overall intellectual encouragement, especially from his mother who believed in teaching her children about the best in art and culture. By the time Johnson arrived at Harvard College in 1923, he knew Greek and German and had spent months in Europe while his father performed work in Geneva, Switzerland, beginning in 1919.

As an undergraduate at Harvard, Johnson became fascinated by philosophy and chose to study under the then head of the department, renowned philosopher and mathematician, Alfred North Whitehead, whose colleague, Bertrand Russell, became an acquaintance of Johnson's. From this training, Johnson would often reference Heraclitus for an understanding of the inevitability of change, something that would impact greatly Johnson's architectural output. He would also speak of Nietszche's respect for the power of art, quoting the philosopher: "We have art lest we perish from the truth."

Graduating in 1930, seven years after his arrival in Cambridge, Massachusetts in 1923, Johnson left Harvard for an institution just formed in New York, none other than The Museum of Modern Art — MoMA. Those extra years taken for his undergraduate degree comprised time when Johnson spent months in Europe, beginning in 1925, what would be essential training for his next chapter in New York.

This time gave him a front row seat to the burgeoning movements in modern art and modern architecture even before Johnson had met the brilliant Alfred H. Barr, Jr., the young art historian who would serve as the founding director of MoMA. Barr in the late 1920s taught at Wellesley College, both Johnson's mother's alma mater, as well as the school both of his sisters attended. This link led him to contact with Barr, who found a willing pupil and partner in Johnson.

For Johnson, some of his greatest words of praise would be to say that an individual "had an eye." In the case of Barr, Johnson would not only say this, but also grant Barr an illustrious nickname. To Johnson, Barr was "God." Their relationship would extend over decades. Barr would both tap Johnson for what would become the inaugural position of curator of architecture and design at his young institution, as well as rely on Johnson for ongoing largesse as MoMA built a permanent art collection.

Johnson was professionally a curator long before he was far better known as an architect. He would work directly on shows as well as oversee the entire MoMA department for architecture and design. Perhaps best known for the landmark show he co-curated with architectural historian Henry-Russell Hitchcock in 1932, Modern Architecture: International Exhibition, which would later be better known as The International Style, Johnson would nonetheless also oversee a series of other exhibitions, including Objects 1900 and Today (1933) and Machine Art (1934), just in his first few years at the museum.

Meeting both Walter Gropius and Ludwig Mies van der Rohe at the Bauhaus in the late 1920s, Johnson initially was quite taken with Gropius, but would

mas eventualmente estaria em conexão mais estreita com Mies, entre os dois o de maior inclinação artística. Veio a calhar que Johnson tivesse condições de viajar de navio a vapor dos Estados Unidos à Europa levando seu próprio automóvel, o que significava poder oferecer caronas a Mies de Dessau a Berlim durante suas prolongadas visitas à Alemanha.

Em 1930, quando Johnson se organizava para começar em sua nova posição no MoMA, ele contratou ninguém menos que Mies para desenhar o interior de seu novo amplo apartamento próximo à Beekman Place, em Manhattan. O mobiliário, que incluía cadeiras Barcelona e outros objetos criados por Mies, acompanharia Johnson em suas mudanças para diversos outros domicílios, da casa que construiu para si mesmo em Cambridge à própria Casa de Vidro. Em todas as situações, a mobília era arranjada de modo estritamente retilíneo, algo próximo à disposição na pintura de Mondrian, em que a aleatoriedade é proibida.

A paisagem foi uma das grandes paixões de Johnson. Para sua própria residência em Connecticut, a Casa de Vidro, na qual começou a trabalhar em meados da década de 1940 – e que continuaria a expandir e a adaptar até sua morte em 2005 – Johnson criou sua versão de um jardim continental mesclado com inspirações nas antigas fazendas ao Sul da Nova Inglaterra. O resultado estava inequivocamente no campo da arte, uma vez que as construções de formas geométricas rígidas se alinhavam às colinas ondulantes, aos campos abertos, árvores e gramados arranjados com grande cuidado. Qualquer visitante da Casa de Vidro pode notar o uso que Johnson fez do terreno, como uma tela para a criação de obra cuidadosamente pensada e, ainda assim, capaz de se transformar com o tempo.

Embora tenha retornado a Harvard para estudar arquitetura em 1940, quando a faculdade era conduzida pelo fundador da Bauhaus, Walter Gropius, Johnson gravitaria em direção aos professores menos inclinados às preocupações do funcionalismo e mais orientados pelos rumos artísticos. Em particular, associou-se a outro veterano da Bauhaus, Marcel Breuer, que lecionava em Harvard e seria responsável por chamar a atenção de diversos outros jovens arquitetos recém-formados ali e conduzi-los para a cidade de Nova Canaã, no condado de Fairfield, Connecticut. Esse grupo mais tarde receberia o nome de The Harvard Five e era composto por Marcel Breuer, Philip Johnson, Eliot Noyes, Landis Gores e John Johansen. Johnson viria a comprar uma propriedade em New Canaan, em 1946, projetando a Casa de Vidro ao longo de 1947 e 1948 e finalizando suas principais construções em 1949.

A partir da década de 1940, Johnson dirigiu seu foco à arquitetura mais como projetista do que como curador. Ainda assim, produziu diversas mostras na década de 1940, dentre elas a retrospectiva de Mies van der Rohe em 1947, tendo sido também o autor de seu catálogo. Nessa mostra, Johnson apresentou o modelo para aquela que viria a ser a obra-prima residencial de Mies, projetada para Edith Farnsworth em Plano, Illinois, conhecida como Casa Farnsworth. Hoje a residência é amplamente considerada uma inspiração para a Casa de Vidro do próprio Johnson.

Quem visita as duas propriedades nota tanto as similaridades quanto as extraordinárias diferenças. A casa de Mies é um templo de aço e vidro suspenso do chão, branco, moderno, localizado em uma planície aluvial. Por outro lado, a de Johnson, com sua armação de aço laqueado em tinta negra, assenta-se firme na superfície, exatamente como o arquiteto declarou ser seu desejo – um pavilhão de vidro que comanda uma magnífica paisagem a partir de sua base em um promontório rochoso. É uma casa inserida em um entorno que combina a modernidade de Mies aos aspectos orgânicos do trabalho de Frank Lloyd Wright. Johnson a descrevia como "uma permanente viagem de acampamento".

become far more connected with Mies, the more artistically inclined of the two. It didn't hurt that Johnson was able to travel from the United States to Europe via steamship with his own automobile, which meant that he could offer rides to Mies from Dessau to Berlin during Johnson's prolonged visits to Germany.

In 1930 when Johnson set up an apartment for himself as he was about to embark on his new role at MoMA, he hired none other than Mies himself to design the interior of his ample rental apartment near Beekman Place in Manhattan. The furnishings, including Barcelona chairs and other designs by Mies would remain with Johnson as he moved to several other homes, from the house he built for himself in Cambridge to the Glass House itself. In all instances, the furniture was strictly arranged rectilinearly, nearly like the design of Piet Mondrian painting, with no randomness allowed.

Landscape was a great passion for the architect. For his own home in Connecticut, the Glass House, which he began work on in the mid-1940s and would continue to expand and adjust until his death in 2005, Johnson created his version of a continental garden merged with the former farmland of southern New England. The result was squarely in the realm of art where rigid geometric built forms aligned with rolling hills, open fields and very carefully arranged trees and lawns. Any visitor to the Glass House will see how Johnson utilized his land as a canvas for the creation of a carefully arranged artwork, albeit one that changed with time.

Although Johnson would return to Harvard in 1940 to study architecture at a time when the architectural program was being led by the founder of the Bauhaus, Walter Gropius, he would nonetheless gravitate towards those on the faculty who were less inclined towards concerns for functionalism and more oriented towards artistic directions. In particular, Johnson became connected with another Bauhaus veteran, Marcel Breuer, who taught at Harvard and would be responsible for bringing both attention and several other young Harvard-trained architects following their graduations to the town of New Canaan in Fairfield County, Connecticut. This group would later be referred to as the Harvard Five: Marcel Breuer, Philip Johnson, Elliot Noyes, Landis Gores and John Johansen. Johnson would purchase property in New Canaan in 1946, designing the Glass House during 1947 and 1948 and completing the main buildings on the property in 1949.

From the 1940s on, Johnson would focus far more on architecture as a practitioner than as a curator. But, he still produced several major shows, including a retrospective of Mies van der Rohe in 1947, also authoring that catalog. In this show, Johnson presented the model for what would become Mies' jewel box home for Dr. Edith Farnsworth in Plano, Illinois, today known as the Farnsworth House and widely considered as inspiration for Johnson's own Glass House.

Anyone visiting the two properties today will note both similarities and extraordinary differences. While that of Mies is a raised, white, modern temple of steel and glass, located in a floodplain, Johnson's painted black steel frame sits firmly on the ground, just as he stated he wanted – a glass pavilion that presides over a magnificent landscape from a base on a rocky promontory. It is a house inserted in a landscape that combines both the modernity of Mies and the organic aspects of the work of Frank Lloyd Wright. Johnson would describe it as a "permanent camping trip."

Casa de Vidro
Sol Camacho
Diretora técnica e cultural, Instituto Bardi / Casa de Vidro

A casa que Lina Bo Bardi projetou para viver com seu marido Pietro situa-se em um terreno do Morumbi, bairro planejado pelo empresário Oscar Americano no modelo dos novos subúrbios dos Estados Unidos. Entre suas ruas sinuosas, distantes do centro e acessíveis apenas por automóvel, a arquiteta viu a oportunidade de erguer o primeiro projeto de sua carreira, concebido em meio a um jardim tropical, também plantado por ela.

O projeto da casa é emblemático pela posição do volume da sala envidraçada, destacada do solo em declive por delgados pilotis. Após conceber o papel que a estrutura em grelha ortogonal de pilares e vigas teria na casa, Lina enviou o projeto para o engenheiro Pier Luigi Nervi desenvolver. Posteriormente, a solução do italiano, com esbeltos pilares tubulares e vigas de aço, foi adequada às condições construtivas brasileiras pelo engenheiro Tulio Stuchi.

Quando concluída, em 1952, a Casa de Vidro se destacava como uma plataforma sobre a paisagem da antiga fazenda de chá que originou o Morumbi, então pouco arborizado. Ao conceber a casa como um grande volume transparente, Lina evitou as proteções com brises-soleil, tão marcantes na arquitetura moderna brasileira daquela época. A grande sala de vidro é um dos primeiros ambientes domésticos com tal nível de transparência e tão forte relação com o entorno. A caixa não só cumpriu a função doméstica de sala de estar e trabalho como também serviu de espaço de exploração e ensaio para os futuros projetos de expografia da arquiteta, um forte antecedente ao Masp da avenida Paulista.

A casa de 760 m² não é a única estrutura no terreno de 7 mil m². As diferentes construções servem para entender a evolução do pensamento de Lina, que foi se transformando conforme ela viajava, estudava e se relacionava a novas concepções e movimentos de arquitetura. A casa do caseiro acompanhou a construção da casa principal, seguindo suas linhas modernas, apesar da implantação discreta e semienterrada. As muretas de contenção do jardim e o volume da garagem parecem ter saído do Parque Güell, tendo uma forte relação com o pensamento organicista do colega e amigo Bruno Zevi. O ateliê, construído em 1986, representa o gosto que a arquiteta desenvolveu pela arquitetura popular e pelas técnicas locais durante sua estadia na Bahia, na década de 1960.

Desde a compra do terreno, em 1949, o casal Bardi pensava a casa como parte de uma instituição de fomento à arte e à arquitetura, uma extensão das atividades do Masp. Ao entrar com o pedido de tombamento da Casa de Vidro no Condephaat, em 1986, Lina e Pietro argumentaram que o objetivo da preservação seria o uso da casa como sede de um instituto de apoio à arte, prevendo espaço para a construção de um anexo no terreno. Pouco depois, em 1990, o Instituto Lina Bo e P. M. Bardi foi fundado com recursos provenientes da venda de um quadro do acervo do casal. Com a morte de Lina, em 1992, o foco do instituto foi preservar e divulgar a obra da arquiteta. A imensa coleção de desenhos, fotos e documentos foi sistematizada pela primeira vez. Dela resultou uma exposição, um documentário em vídeo e um livro, todos lançados em 1993, no Masp, e levados a diversas cidades do mundo.

Naqueles primeiros anos, o instituto pautou-se por uma importante ação editorial, lançando livros de alta qualidade sobre os principais arquitetos brasileiros, até então carentes de boa divulgação. Destacam-se os de Vilanova Artigas, João

Glass House
Sol Camacho
Technical and Cultural Director, Instituto Bardi / Casa de Vidro

The house Lina Bo Bardi has designed for her and her husband Pietro to spend their lifetime in is located in Morumbi, a neighborhood projected by executive Oscar Americano according to the model of the new American suburbs. In between its winding streets, far away from the downtown area, on a place attainable only by automobile, the architect spotted the opportunity to build her very first project, to be laid over a tropical garden also grown by herself.

The project for this house is emblematic for the glazed-room volume detached from the local downgraded soil by the use of thin pilotis. After assigning the role that the orthogonal grid of pillars and beams would have in the house, Lina sent her project to engineer Pier Luigi Nervi for the development. Latter on, the solution fashioned by the Italian, with his elegant and thin tubular pillars and steel beams, had to be adapted by engineer Tulio Stuchi in order to fit the Brazilian constructive conditions.

By the time of its conclusion in 1952, the Glass House stood out like a platform over the landscape of the former tea ranch that originated Morumbi neighborhood, then an un-wooded area. In conceiving the house as a large transparent volume, Lina avoided protective devices such as brise-soleils, a distinctive mark of Brazilian architecture of the time. Its large glazed room is one of the first domestic environments to display such a level of transparency and such a strong relation to its surroundings. The box not only sufficed its function as a domestic living room and working facility, but also provided a room for Lina to test and experiment with her future expography projects, a sure antecedent for the Museum of Art of São Paulo – MASP at Paulista Avenue.

The 8.180,6 ft² house is not the only structure on the lot's 75.347 ft². The diversity of its constructions reveals the evolution of Lina's thinking, that underwent many changes as she traveled, studied and made contact with new conceptions and movements in architecture. Despite its discrete and semi-buried settlement, the house designed as a household for the propriety's keeper tailgate the main house construction, keeping up with its modern contours. Both the railing for garden containment and the garage volume seem to have come directly from Park Güell, bearing a strong relation with the organicist thought of Bruno Zevi, her colleague and friend. The studio, built in 1986, is depictive of the taste for popular architecture and local techniques she developed during a sojourn in Bahia, in the decade of 1960.

Ever since the purchase of the lot in 1949, the Bardis pictured the house as part of an institution to promote art and architecture, an extension of the activities held at MASP. When Lina and Pietro entered a requested at the Condephaat in 1986 so that the Glass House was granted official historical site status, they argued that preservation would enable the propriety to accommodate a headquarter for an art-supporting institute, anticipating space for an appendix. Soon afterwards, in 1990, Instituto Lina Bo & P. M. Bardi was set up, with resources arising from a painting that belonged to the couple's own private collection being sold. After Lina's death in 1992, the institute's focus was to preserve and promote the architect artworks. For the first time, the massive collection of drawings, photos and documents was systematized. This material has been the source for an exhibition, a documentary and a book, all published in 1993 at MASP and brought to several cities around the world.

Filgueiras Lima e Affonso Eduardo Reidy, que deram grande contribuição para a revalorização da arquitetura moderna brasileira no final do século 20.

Após a morte de Pietro, em 1999, a casa perdeu parte importante de seus móveis e obras de arte. Apesar da doação em vida de todo o acervo ao instituto, a legislação vigente amparou a demanda dos herdeiros do primeiro casamento de Pietro, e a partilha foi feita. Tornou-se assim impossível preservar de forma integral a configuração da sala e da coleção de obras de arte.

O instituto contou com apoios importantes para a preservação da arquitetura e do jardim, que exigiu diversas intervenções de manutenção. Petrobras, Caixa Econômica Federal e Fapesp forneceram recursos para serviços e para infraestrutura de apoio ao acervo. Também ampararam reformas emergenciais de instalações elétricas, manutenção de caixilhos e revestimentos. Mais recentemente, os empréstimos de obras para exposições e a cobrança de direitos autorais para publicações e para a reprodução de móveis projetados por Lina passaram a constituir importantes fontes recursos. Eles permitem manter a Casa de Vidro aberta ao público, cumprindo sua função de preservação da obra do casal Bardi e de estímulo à arte e arquitetura no Brasil. Para que essa missão possa prosseguir, o instituto elabora no momento um plano de gestão da preservação com apoio da Fundação Getty, de Los Angeles. O público de visitantes, que já ultrapassa mil pessoas por mês, atesta que o interesse pela obra de Lina e Pietro é crescente, testemunho de um passado que ainda oferece lições para nosso futuro.

In those primary years, the institute was underpinned by an important editorial action: to publish high quality books about Brazil's main architects, whose contributions still lacked proper disclosure up to that point. Noteworthy are the ones about Vilanova Artigas, João Filgueiras Lima and Affonso Eduardo Reidy, all of which made great contributions to the re-appraisement of Brazil's modern architecture at the end of the 20th century.

After Pietro's death in 1999, the house lost a substantial part of its furniture and art contents. Despite the couple having handled the endowment still during their lifetime, legislation in force sustained the vindications from Pietro's first weeding inheritors and the division was executed. This is the reason why it became impossible to preserve the entire form of the living room and the art collection in their exact original configuration.

The institute relied on several essential supporters to preserve garden and architecture, a task that required several maintenance interventions. Petrobras, Caixa Econômica Federal and Fapesp provided resources for services and financed additional infrastructure to the artwork collection. They also supported urgent reforms in the electrical system and repairment to the coatings and window frames. Recently, artwork loans for exhibitions and copyrights for publication and reproduction of furniture pieces designed by Lina became crucial as financial source. On this basis, the Glass House has been able to keep its doors open for public visitors, complying with its function in spurring art and architecture in Brazil and preserving the Bardis's artistic legacy. In order for this mission to continue, the institute is currently elaborating a management plan of preservation sponsored by the Getty Foundation in Los Angeles. The number of visitors, which by now already surpasses a hundred per month, attest that the interest for Lina and Pietro's work is on a rise, a testimony of a past that still has lessons reserved for our future.

A CASA COMO ESPAÇO EXPOSITIVO
Renato Anelli

Desde o início, a Casa de Vidro se constituiu como espaço de experimentação para as expografias que viriam a ser usadas no Museu de Arte de São Paulo. O salão envidraçado abrigava obras de arte de uma coleção que crescia e se transformava com o tempo, estabelecendo uma profunda relação entre vida e coleção, interrompida apenas com o falecimento do casal. Após a morte de Lina em 1992, Pietro herdou seu espólio, pois não tinham filhos. No entanto, Pietro tinha herdeiros do casamento anterior que reclamaram sua parte na herança após o falecimento do pai, em 1999, ainda que os objetos tivessem sido doados ao Instituto Lina Bo e P. M. Bardi em 1995. Obras e mobiliário foram removidos, o que impossibilitou reproduzir a disposição que havia nos anos 1990 desses objetos no salão envidraçado.

O instituto foi fundado pelo casal ainda em vida, com o objetivo de promover a arte, a arquitetura e a cultura brasileira, dando continuidade às atividades que Lina e Pietro desenvolveram. O projeto é antigo e fundamenta o processo de tombamento da Casa de Vidro, iniciado pelo casal em 1986. A decisão de tombamento pelo Condephaat já incluiu a futura construção de um anexo para ser sede do Instituto, "prevendo ainda a construção de uma área para biblioteca e auditório".[1]

Em carta ao presidente do Condephaat que acompanha o processo de tombamento, Pietro Bardi desenvolve a proposta:

> Penso que a Casa do Morumby, uma vez restaurada, às nossas custas, com seu jardim-florestal, poderia ser ambientada com uma série de obras de arte de um certo valor, para um dia ser visitada por um público interessado em conhecer um trecho da história da renovação da museografia nacional.[2]

Constata-se o despojamento da arquiteta com sua própria obra, adaptando-a com liberdade para servir a esse novo uso cultural. Procedimento que aplicou também em suas obras de restauro e adaptação de edifícios históricos, tais como o Solar do Unhão, em Salvador, ou a fábrica readequada para ser a sede do Sesc Pompéia, em São Paulo. Mesmo assim, ressalve-se que Pietro, na escritura de doação da casa ao instituto, expressa que devem ser "mantidas as suas características residenciais, como era aliás, a vontade da Achillina Bo Bardi".[3]

Assim, a atividade expositiva desenvolvida atualmente pelo Instituto Bardi na Casa de Vidro não é estranha à vontade de Lina. Tanto as propostas de doação, tombamento, ampliação e adaptação da casa para sede do instituto quanto o uso do espaço para ensaios de museografia já avançavam nessa direção, mas limitados pela preservação do caráter residencial, conforme queria o casal.[4]

THE HOUSE AS AN EXHIBITION SPACE
Renato Anelli

Since the very beginning, Lina Bo Bardi's Glass House was conceived as a space for expography experiments that were to be applied during the construction of MASP. Particularly the glazed hall sheltered an always changing and expanding artwork collection that established a deep bond between life and art, interrupted only when the couple was decease. After Lina's death in 1992 Pietro inherited her estate, since they didn't have any child. But Pietro had heirs of his own who reclaimed their share of the inheritance after his death in 1999, even when the objects had already been donated to the Lina Bo and P. M. Bardi Institute in 1995. As a result, part of the collection and the furniture was removed, making impossible to reproduce the display of objects on the interior of the glazed hall exactly how they were placed in the decade of 1990.

The foundation of the institute took place when the couple was still alive. Its purpose was to promote Brazilian art, architecture and culture, thus continuing the activities Lina and Pietro had developed. The project is long-dated and underlies the process of pleading historical site status for the Glass House, set off by the couple in 1986. The favorable decision, taken by the Condephaat, included from the start the future construction of an appendix to operate as the main office for the Institute, as well as "the building of a space for an auditory and a library".[1]

On a letter peering the whole process sent to the Condephaat president, Pietro develops the following proposition:

> I think, once restored at our expenses, the Morumby House, with its forest gardening, can very well be tempered by a rather decent set of artworks, so one day it shall be visited by a public that has an interest for knowing some of the history of the national museography renewal.[2]

It should also be noted the casual attitude the architect cultivated regarding her own production. She was always ready to adapt it to serve new cultural proposes. The same procedure she applied in her restoration and redrawing of historical buildings such as Solar do Unhão in Salvador and the factory re-designed to shelter the headquarters of SESC Pompeia in São Paulo. Nevertheless, in the donation's deed one can read that Pietro went forward to express that the house should be maintained "in all its original features, notably according to the will of Achillina Bo Bardi."[3]

Therefore, the exhibition activities sponsored by the Bardi Institute in Glass House today are not alien to Lina's desire. Much like its usage for museography experimentation, the initiative of pleading historical goods assessment, adapting and amplifying the house so it would become the institute's main office already pointed in such a direction, even if up until that point its domestic quality had still been preserved, just like the couple wanted.[4]

Anhangabaú, Jardim Tropical, evento paralelo à 10ª Bienal Internacional de Arquitetura de São Paulo. Curadoria e Fotos Renato Anelli.
Anhangabaú, Tropical Garden, an event parallel to the 10th São Paulo Biannual of Architecture. Curatorship and Photos by Renato Anelli.

A planta livre da sala de estar permite flexibilidade na ocupação, adequando-se a variados usos, ainda que se apresentem certos limites físicos. Alguns desses limites são decorrentes da disposição das paredes da escada, da lareira, dos planos de vidro do vazio do jardim interno e dos pilares, que criam uma pauta geométrica para o espaço. Outro é constituído por obras de arte de dimensões que dificultam sua movimentação, como as estátuas de Diana, o Buda, as mesas retangulares de mosaicos e a mesa de jantar. É importante, porém, considerar que essas obras, assim como o mobiliário, estiveram em diferentes locais da casa durante a vida do casal. Para preservar o caráter residencial é necessário reconhecer que a casa se configurou de modos diferentes ao longo dos 47 anos em que foi habitada pelos Bardi.

Após a remoção do espólio dos herdeiros, as lacunas deixadas explicitaram um dilema. Se por um lado a residência não poderia mais se apresentar em sua integridade, por outro surgia a oportunidade de novos usos temporários. O instituto se decidiu então por promover exposições na casa. Ocupou os interstícios do mobiliário e do jardim e equilibrou sua presença com aquilo que restava da disposição da sala quando o casal morreu.

A primeira exposição, em 2012, foi *The Insides Are On the Outside* (o interior está no exterior), curada por Hans Ulrich Obrist. Atraiu dez mil visitantes em um período de quarenta dias. A segunda exposição abriu outra linha de ação: apresentar ao público itens do acervo de projetos e documentos do Instituto Bardi. Em 2013, a 10ª Bienal Internacional de Arquitetura de São Paulo, intitulada *Cidade, modos de fazer, modos de usar*, selecionou para a exposição a proposta de Lina e seus colaboradores para o concurso de reurbanização do Vale do Anhangabaú, de 1981. Uma maquete da proposta foi produzida e exibida junto com os croquis de estudo e desenhos do concurso. A exposição, disposta no canto da sala onde Lina costumava projetar, pouco afetou o conjunto. Com uma pequena movimentação

The free architectural plan used in the living room grants flexibility in occupation, making the room adaptable for various functions, despite the problem presented by several physical limitations. Some of these are due to the wall's display on the staircase and the fireplace, the plans of glass around the empty space of the internal garden and also the pillars which assigns a geometrical logic to the space. Another problem is presented by artworks whose proportions sometimes compromise their mobility, as it is the case in the Diane and Buda statues, the rectangular tables of mosaics and the dining-room table. It is to consider though that these pieces of art, just like the furniture, had been placed on several different spots inside the house during the couple's lifetime.[4] For the sake of preserving its domestic character, one must acknowledge that the house was configured in many different displays over the 47 years it was inhabited by the Bardis.

After the removal of the inheritor's spoil items, the resulting gaps brought up a dilemma. If on the one hand, the residence could no longer be presented in its integrity, on the other the situation enticed an opportunity for new temporary uses. From this point forward, the institute chose to promote exhibitions to fill in the empty spaces. It has occupied the interstices between the furniture and the garden outside, then balanced its presence with the remainders of the living room dating from the time the couple was deceased.

The first exhibition curated by Hans Ulrich Obrist in 2012 was "The Insides Are on the Outside." It has attracted ten thousand visitors in a period of forty days. The second exhibition opened another line of action: to present the public a sample of documents and projects from the Institute Bardi acquis. Entitled Cities, how to build, how to use, in 2013 the 10th Biannual International of Architecture of São Paulo chose the project Lina and her collaborators once developed for the 1981 contest around the re-urbanization of Vale do Anhangabaú.

Lina em casa: percursos, exposição comemorativa do Centenário de Lina Bo Bardi, 2015. Curadoria Anna Carboncini e Renato Anelli. Foto Renato Anelli.
Lina at home: paths, an exhibition in celebration of Lina Bo Bardi's centennial, 2015. Curatorship Anna Carboncini and Renato Anelli. Photo by Renato Anelli.

O impasse do design, mobiliário de Lina Bo Bardi: 1958 – 1962, exposição curada por Renato Anelli. Foto Renato Anelli.
Design in a plight, Lina Bo Bardi's furniture: 1958-1962, an exhibition curated by Renato Anelli. Photo by Renato Anelli.

do mobiliário, o restante da sala acolheu, além da exposição, um colóquio com palestras para cinquenta pessoas.

A exposição de itens do acervo prosseguiu em abril de 2015, ainda como parte das comemorações do centenário da arquiteta. A exposição *Lina em casa: percursos*[5] teve como objetivo mostrar a trajetória de transformação intelectual de Lina em seu espaço de vivência, tanto doméstica quanto de trabalho. Para a exposição, a arquiteta Marina Correia desenvolveu um sistema de suportes construídos por painéis estruturados com delgados tubos metálicos. Foram testadas diferentes possibilidades de montagem, desde a retirada completa do mobiliário e obras de arte, até a exposição em convívio com os principais móveis e obras de arte na sala, no quarto de Lina, na varanda inferior e no jardim.

Esse sistema expositivo foi usado mais duas vezes. A primeira em 2016, na exposição *O impasse do design, mobiliário de Lina Bo Bardi: 1958-1962*.[6] Nela foram apresentados desenhos e fotos, além de exemplares do mobiliário produzido por Lina naquela época, mas não pertencentes à decoração original da casa. Deve-se observar que, no período abrangido pela exposição, Lina já havia trocado o design pela produção serial e vinha projetando cadeiras, mesas e bancos em madeira como parte da arquitetura. Esse mobiliário tem relação direta com uma situação arquitetônica diferente da Casa de Vidro, onde sua exibição gerou forte estranhamento. Esses projetos de móveis e de arquitetura expressam as notáveis transformações de posicionamento da autora entre as décadas de 1940 e 1950 e as de 1960 e 1990.

A scale-model was produced and exhibited, along with its study drawings. The exhibition, displayed at the corner of the room where Lina used to project, has had almost no impact over the general ambience. After a slight displacement of furniture, the resulting area was able to shelter a colloquium with conferences for fifty people.

Still as a part of the celebrations of the architect's centennial, the exhibition of the collection items continued in April 2015. The exhibition *Lina em casa: percursos*[5] set out to indicate the intellectual changes Lina went through along her trajectory, according to the marks left on her living environment, both domestic and working facilities. For the exhibition, architect Marina Correia developed a system of supporting devices composed by panels structured by thin metallic pillars. Several different assemblage methods were tested, up from completely stripping the place of all its furniture and art collection to accommodating the exhibition with the main furniture and artworks in the living room, in Lina's sleeping room, in the inferior balcony and the garden.

After this, the same exhibition device was used two times. The first one, in 2016, was the exhibition *O impasse do design, mobiliário de Lina Bo Bardi: 1958-1962*.[6] It presented drawings and photos, followed by some samples of the furniture Lina produced at the same period, pieces that were not part of the original house decoration. It must be noted, that during the time-span covered by the exhibition, Lina had already shifted from design to serial production and thus started to

Ainda em setembro de 2017, testou-se um tipo de exposição com menor porte e complexidade, visando aumentar a frequência de mostras. A proposta Acervo Aberto pretende tornar corriqueira a exposição dos itens da coleção do instituto, composta por mais de sete mil desenhos, quinze mil fotografias, livros, revistas e obras de arte arquivados na Casa de Vidro. A primeira exposição, *O jardim da Casa de Vidro: projeto em contínua construção*, foi elaborada em parceria com a equipe de paisagistas que desenvolve o projeto de conservação para o programa Keeping it Modern, da Getty Foundation. A exposição fez parte da programação da Primavera de Museus do Ministério da Cultura.

O jardim da Casa de Vidro: projeto em contínua construção, exposição inaugural da série Acervo Aberto, 2017. Curadoria Sol Camacho. Foto Marina D'Imperio.
Casa de Vidro's Garden: a project in permanent construction, an opening show for the Aberto Acquis, 2017. Curatorship by Sol Camacho. Photo by Marina D'Imperio.

Notas

1. Processo Condephaat n. 24938/86. O tombamento foi aprovado em reunião do colegiado do Condephhat em 1º de setembro de 1986. Disponível in <www.arquicultura.fau.usp.br>
2. Idem, ibidem, p. 51.
3. Escritura de doação, 3º Cartório de Notas, São Paulo, 29 de junho de 1995.
4. CORATO, Aline Coelho Sanches. Art, Architecture and Life: The Interior of Casa de Vidro, the House of Lina Bo Bardi and Pietro Maria Bardi. IN MASSEY, A.; SPARKE, P. (Org.). *Biography, Identity and the Modern Interior*. Farnham, Ashgate Publishing Limited, 2013, p. 153.
5. A exposição, curada por Anna Carboncini e Renato Anelli, ocorreu de abril a julho de 2015 e teve patrocínio da Secretaria da Cultura do Estado de São Paulo.
6. A exposição, curada por Renato Anelli, ocorreu de maio a agosto de 2016 e teve patrocínio do Minc e do Itaú Cultural.

produce chairs, tables and stools as architectural intrinsic parts. The furniture is directly related to an architectural situation very distinct from the Glass House, hence the severe strangeness produced by the clash between the two concepts. These projects for furniture and architecture express radical changes in the author's positions during the decades of 1940-50 and 1960-90.

Still in September 2017 another kind of exhibition, less complex and smaller in size, was tested in order to increase the number of visitors. The Open Archive proposal was to turn into current activity the exhibition of items from the institute's collection, composed by more than seven thousand drawings, fifteen thousand photographs, as well as books, magazines and works of art, all been part of the Glass House's collection. The first *O jardim da Casa de Vidro: projeto em contínua construção* was elaborated in partnership with a team of landscape designers engaged in the preservation program Keeping it Modern sponsored by the Getty Foundation. The exhibition is scheduled in the programme of Primavera de Museus promoted by the Cultural Ministry.

Notes

1. Condephaat Process n. 24938/86. The status was approved in a meeting of the Condephaat board in December 11, 1986. http://www.arquicultura.fau.usp.br. Free translation.
2. Ibid., 51. Free translation.
3. Deed of donation, 3rd Registry Office, São Paulo, June 29, 1995. Free translation.
4. Aline Coelho Sanches Corato, "Art, Architecture and Life: The Interior of Casa de Vidro, the House of Lina Bo Bardi and Pietro Maria Bardi," in: A. Massey and P. Sparke (eds.). *Biography, Identity and the Modern Interior* (Farnham: Ashgate Publishing Limited, 2013), 153.
5. The exhibition, curated by Anna Carboncini and Renato Anelli, happened from April to July 2015, being financed by the Secretary of São Paulo State for Culture.
6. The exhibition, curated by Renato Anelli, happened from May to August 2016. It was financed by the Education Ministry and Itaú Cultural.

BIOGRAFIA DOS ARQUITETOS

Ludwig Mies van der Rohe
Aachen, Alemanha, 27 de março de 1886 – Chicago, Estados Unidos, 17 de agosto de 1969

Entre 1897 a 1902, cursa a Escola de Artes e Ofícios da Catedral de Aachen e auxilia na oficina de cantaria de seu pai. Em 1905, ingressa como aprendiz no escritório de Bruno Paul, um dos principais designers de mobiliário em Berlim. Em 1907, ingressa no escritório de Peter Behrens, onde trabalham Adolf Meyer, Walter Gropius e Le Corbusier. Em 1912, abre seu próprio escritório de arquitetura, onde projeta propostas experimentais em aço, concreto e vidro, além de algumas residências. Edita a revista *G: Material zur elementaren Gestaltung* a partir de 1923, junto com Theo van Doesburg e El Lissitzky. Também nesse período, merece destaque seu papel na coordenação da primeira exposição da Deutscher Werkbund, após a guerra, e na Weissenhofsiedlung em Stuttgart, em 1927, onde dezesseis dos principais arquitetos modernos projetam e constroem habitações modelo. O Pavilhão da Alemanha na Feira Internacional de Barcelona em 1929, torna-se referência de arquitetura construída com planos abstratos, procedimento que aplica em outras obras posteriores, em especial a Casa Tugendhat, em Brno, na República Checa. Assume a diretoria da Bauhaus em 1930, mas não consegue impedir, três anos depois, que ela seja fechada pelo governo de Hitler. Mies emigra para os Estados Unidos em 1937, onde é convidado para dirigir a Escola de Arquitetura do Instituto de Tecnologia de Illinois – IIT (originalmente Armor Institute), permanecendo nela por vinte anos. Naturaliza-se norte-americano e passa a atuar como arquiteto em Chicago, onde desenvolve os projetos para a Casa Farnsworth (1945-1951), o campus do IIT (1950-1956) e diversos edifícios altos com fachadas de vidro, com destaque especial para o Edifício Seagram (1958), em Nova York. Mies retorna à Alemanha em 1962 para projetar a Galeria Nacional em Berlim, obra concluída em 1968.

Philip Cortelyou Johnson
Cleveland, 7 de agosto de 1906 – New Canaan, 25 de janeiro de 2005

Gradua-se em Artes pela Universidade de Harvard em 1927. Sua graduação formal como arquiteto ocorre apenas em 1943 pela Escola de Arquitetura de Harvard, período em que Walter Gropius e Marcel Breuer fazem parte do corpo docente. Entre 1928 e 1930, faz diversas viagens para a Europa, período em que conhece Mies van der Rohe e outras figuras expoentes da vanguarda moderna. Participa da criação do Departamento de Arquitetura do Museu de Arte Moderna – MoMA

ARCHITECTS' BIOGRAPHY

Ludwig Mies van der Rohe
Aachen, Germany, March 27, 1886 – Chicago, USA, August 17, 1969

After studying in Aachen Cathedral's Arts and Crafts School between 1897 and 1902, Ludwig Mies van der Rohe becomes an assistant in his father's stone carving workshop. In 1905, also as an assistant, he is admitted in Bruno Paul's office, one of the main furniture designers in Berlin. In 1907, he joins Peter Beherns's office to work side by side with employees such as Adolf Meyer, Walter Gropius and Le Corbusier. In 1912, he opens his own architecture office where he drafts experimental propositions for steel, concrete and glass, besides a few residences. With Theo van Doesburg and El Lissitzky he edits the magazine *G: Material zur elementaren Gestaltung* starting in 1923. Also in this period, it is worth mentioning his role at coordination of the first Deutscher Werkbund exhibition, after the war, and at Weissenhofsiedlung in Stuttgart in 1927, where sixteen of the most prominent modern architects collaborate to design and build models for household. The German Pavilion (1929) at the International Exposition in Barcelona, Spain, becomes a reference for architecture built with abstract planes, a procedure he was to apply in other future projects, especially the Tugendhat House in Brno, Czech Republic. He then assumes as the director of Bauhaus in 1930, nonetheless without being able to avoid its closing, three years after, by Hitler's government. In 1937 he immigrates to the United States where he is invited as dean of the School of Architecture at Illinois Technology Institute – IIT (originally Armor Institute) a position he maintained for twenty years. Once naturalized as an American citizen, he then works as an architect in Chicago, where he design the projects for Farnsworth House (1945-1951), IIT campus (1950-1956) and several tall buildings with glazed façades, the most notable amongst them being the Seagram Building (1958) in New York. In 1962 he return to Germany in order to design the National Gallery, built in 1968.

Philip Cortelyou Johnson
Cleveland, August 7, 1906 – New Canaan, January 25, 2005

Graduated in arts at Harvard University in 1927, but his formal graduation in architecture took place only in 1943 after completing his studies at Harvard Graduate School of Design, during the period when Walter Gropius and Marcel Breuer were part of the faculty board. Between 1928 and 1930, he takes several trips to Europe, period that he meet Mies van der Rohe and other prominent personalities from modern avant-garde. In 1930 he participates in the creation of

de Nova York em 1930, do qual foi diretor até 1934 e entre 1946 e 1954. Em 1932, organiza a mostra *Modern Architecture: An International Exhibition* no MoMA, com Henry-Russell Hitchcock, e publica o livro-catálogo *The International Style: Architecture Since 1922*. Em 1945 inicia os desenhos esquemáticos para sua própria casa, a Casa de Vidro, e logo no ano seguinte compra dois hectares de terra em Nova Canaã, em Connecticut, para a construção.

Johnson mantém uma prática arquitetônica regular ao longo de seis décadas. Coordena escritórios de forma independente entre 1942 e 1946, em Cambridge, e entre 1954 e 1964, em Nova York, quando estabelece a parceria com Mies van der Rohe na construção do Edifício Seagram (1954-58). A parceria com John Burgee, entre 1967 e 1987, foi uma das mais longas e vem dela boa parte de seus edifícios pós-modernos. Entre seus principais projetos, destacam-se o edifício para a AT&T (1984), em Nova York, e o PPG Place (1981-84), em Pittsburg. Fazem parte de suas contribuições mais significativas como curador e crítico de arte as exposições *Modern Architecture* (1932), *Mies van der Rohe* (1947) e *Deconstructivist Architecture* (1988). Por mais de quarenta anos, Johnson tem importante papel na valorização de muitos artistas americanos, como Frank Stella, Robert Rauschenberg e Jasper Johns, além de Andy Warhol, seu amigo particular. Philip Johnson doa a Casa de Vidro ao National Trust for Historic Preservation em 1986, mantendo-a como propriedade até o final da vida. Morre em 25 de janeiro de 2005, aos 98 anos, poucos meses antes da morte de seu companheiro, David Whitney, em 12 de junho.

Charles Ormond Eames Jr. e Ray-Bernice Alexandra Kaiser Eames
Saint Louis, 17 de junho de 1907 – 21 de agosto de 1978 /
Sacramento, 15 de dezembro de 1912 – Los Angeles, 21 de agosto de 1988

Charles tem seu primeiro contato com a arquitetura no ensino secundário, em seu emprego na Laclede Steel Company. Entre 1924 e 1926, cursa arquitetura na Universidade de Washington e é afastado sem concluir o curso devido a sua defesa em prol da arquitetura moderna. Enquanto estudante, conhece sua primeira mulher, Catherine Woermann, com quem se casa em 1929 e com quem, um ano mais tarde, tem uma filha, Lucia Eames. Nesse ano, abre seu escritório próprio de arquitetura em parceria com Charles Gray, juntando-se a eles um terceiro sócio, Walter Pauley. Em 1938, a convite de Eliel Saarinen, Charles se muda com a família para o Michigan e continua os estudos de arquitetura na Academia de Arte de Cranbrook, onde mais tarde se torna professor e responsável pelo Departamento de Design Industrial.

Em 1941, Charles e Catherine se divorciam e, pouco tempo depois, ele se casa com Ray Kaiser, colega de faculdade. Artista, designer e cineasta, Ray

MoMA's Architecture Department, where he worked as a director until 1934 and between 1946 and 1954. Along with Henry-Russell Hitchcock, organizes in 1932 the show *Modern Architecture: An International Exhibition* at the MoMA and publishes the catalogue-book *The International Style: Architecture Since 1922*. In 1945 he initiates some schematic drawings for his own house, the Glass House, and buys, within only one year, five acres of land in New Canaan, Connecticut, for the construction.

Johnson maintains a steady architectural practice during six decades. He coordinates offices autonomously between 1942 and 1944, in Cambridge, and between 1954 and 1956, in New York, until establishing collaboration with Mies van der Rohe for the construction of the Seagram Building (1954-58). The collaboration with John Burgee between 1967 and 1987 was one of the longest and is the period when most of his post-modern projects were built. Amongst his main projects, the most notable are the AT&T headquarters (1984) in New York and the PPG Place (1981-84) in Pittsburg. As curator and art critic, his more relevant works are the exhibits *Modern Architecture* (1932), *Mies van der Rohe* (1947) and *Deconstructive Architecture* (1988). In addition to that, for more than forty years he promoted many American artists, such as Frank Stella, Robert Rauschenberg and Jasper John, aside from Andy Warhol, his friend. He donates his Glass House to the National Trust of Historic Preservation in 1986, keeping it as his propriety until the end of his life. He died in January 25, 2005, at age of 98, a few months before his companion David Whitney, in June 12.

Charles Ormond Eames Jr. and Ray-Bernice Alexandra Kaiser Eames
St. Louis, June 17, 1907 – August 21, 1978 /
Sacramento, December 15, 1912 – Los Angeles, August 21, 1988

Charles had his first contact with architecture in his elementary school years, while he worked in Laclede Steel Company. Between 1924 and 1926, he studies architecture at the University of Washington but is expelled without finishing his studies due to his defense of modern architecture. It was still during these years as a student that he meets his first wife, Catherina Woermann, with whom he marries in 1929, and a year later, they have their first daughter, Lucia Eames. In the same year he sets his own architecture office in partnership with Charles Gray with the posterior addition of a third associate, Walter Pauley. In 1938, after an invitation from Eliel Saarinen, Charles moves to Michigan with his family and continues his architecture studies at the Cranbrook Academy of Arts, where later he would work as a professor and chief of the Department of Industrial Design.

gradua-se no Colégio Bennett, em Millbrook, em 1933, mudando-se em seguida para Nova York, onde estuda pintura expressionista abstrata com Hans Hofmann. É uma das fundadoras, em 1936, do grupo American Abstract Artists, tendo sua primeira exposição um ano mais tarde no Museu Riverside em Manhattan. Em 1940, inicia os estudos na Cranbrook Academy of Art, quando conhece Charles. O casal se muda para Los Angeles, onde trabalha o resto da vida. Entre suas obras mais relevantes está o mobiliário desenhado em parceria com o sócio e amigo Eero Saarinen para a competição Organic Design in Home Furnishings, promovida pelo MoMA em 1941. O trabalho premiado exibe a nova técnica de moldagem de madeira originalmente concebida por Alvar Aalto. Destacam-se também os projetos desenvolvidos pelo casal no programa Case Study Houses, um deles sendo a sua própria casa. Depois de anos explorando as possibilidades da moldagem de madeira compensada em curvas compostas, Charles e Ray projetaram e produziram uma série de peças de móveis de madeira compensada. A partir de 1946, começam uma associação com Herman Miller, que produz seus móveis até hoje. Interessados por cinema de animação, em 1957 produzem Toccata for Toy Trains, filme em que elogiam o artesanato dos bons brinquedos antigos, nos quais não havia autoconsciência sobre o uso de materiais. Em 1961, avançam no design de produto para a produção de imagem corporativa ao projetar uma exposição para o Museu de Ciência e Indústria da Califórnia, contratados pela IBM. Seu segundo filme, para a IBM, *Powers of Ten*, é um de seus últimos grandes trabalhos. Charles morre em 1978 e Ray passa os anos restantes trabalhando em um livro abrangente sobre sua obra e preparando a transferência de mais de 900 mil objetos à Biblioteca do Congresso. Ray morre dez anos mais tarde.

Lina, Achilina di Enrico Bo Bardi
Roma, 5 de dezembro de 1914 – São Paulo, 20 de março de 1992

Forma-se arquiteta pela Universidade de Roma em 1939 e se muda para Milão em 1940, onde funda o estúdio Bo e Pagani. Colabora com Gio Ponti na revista *Lo Stile nella casa* e *nell'arredamento* e atua nas revistas *Grazie, Belleza, Vetrina, L'illustrazione Italiana* e *Domus*. Com Bruno Zevi e Carlos Pagani, cria a revista semanal *A - Cultura della vita*. Casa-se com Pietro Maria Bardi em 1946 e retorna para Roma. Ainda nesse ano, o casal viaja para o Rio de Janeiro, transferindo-se em definitivo para São Paulo em 1947. Bo Bardi atua no Museu de Artes de São Paulo – Masp, dirigido por Pietro, em expografias e cursos, e dirige a revista Habitat, marco editorial no campo das artes e arquitetura das décadas de 1950

In 1941, Charles and Catherine divorce and soon after he marries Ray Kaiser, a faculty colleague. Ray, an artist, designer and moviemaker, graduated at the Benett College, in Millbrook, 1933, then moving to New York, where she studied expressionist abstract painting with Hans Hofmann. She is one of the founding members of the group American Abstract Artist, in 1936, and had her first exhibit openned a year later at the Riverside Museum of Manhattan. In 1940 she initiates her studies at the Cranbrook Academy of Arts, where she meets Charles. The couple moves to Los Angeles, where they work for the rest of their lives. Amongst their most notorious works is the furniture design for the Organic Design in Home Furnishing competition, promoted by the MoMA in 1941, developed in collaboration with Eero Saarinen, their associate and personal friend. This prize-winning design displays the new technique originally conceived by Alvar Aalto for wood shaping. Also worth mentioning the couple's designs for the Case Study Houses program, one of them being their own house. After years exploring the possibilities for shaping plywood into compound curves, Charles and Ray designed and produced a series of furniture units made of plywood. From 1946 on, they begin an association with Herman Miller, who produces their furniture until today. As result of their interest in animation movies, in 1957 they produce Toccata for Toy Trains, praise to the craft of good old toys that did not yet include any self-conscience about the use of materials. Hired by IBM 1961, they develop in product design to corporative image production by projecting an exhibition for the Industry and Science Museum in California. Their second film, made for IBM, was *Power of Ten*, one of their last projects. Charles dies in 1978 and Ray spends her remaining years working in an broad book about their production and preparing for the transferring of more than 900 thousand objects to the Library of Congress. Ray dies ten years later.

Lina, Achilina di Enrico Bo Bardi
Rome, 5th December 1914 – São Paulo, 20th March 1992

Graduated as architect at the University of Rome (1939), she moved to Milan in 1940 where she starts the studio Bo and Pagani. She collaborates with Gio Ponte in the magazine *Lo Stile – nella casa e nell'arrendamento* and works in the magazines *Grazie, Belleza, Vetrina, L'illustratione Italiana* and *Domus*. With Bruno Zevi and Carlos Pagani creates the weekly magazine *A – cultura della vita*. She marries Pietro Maria Bardi in 1946 and moves back to Rome. In this same year, the couple travels to Rio de Janeiro, only to move permanently to São Paulo in 1947. Bo Bardi works at the São Paulo Art Museum – MASP, run by Pietro, developing activities like exhibition design, workshops and

e 1960. Em 1951, naturaliza-se brasileira e completa seu primeiro projeto arquitetônico construído: a Casa de Vidro, onde o casal reside até o final da vida, na década de 1990. O interesse pela cultura popular leva a arquiteta à Bahia, onde atua em duas fases. Na primeira, de 1958 a 1964, realiza seu primeiro projeto de restauração no Solar do Unhão e cria o Museu de Arte Moderna da Bahia. Na segunda, de 1986 a 1989, projeta várias intervenções no centro histórico. Entre suas principais obras, destacam-se o Masp (1958-68) e o Sesc Pompéia (1977-82). A partir de 1976, tem a colaboração de André Vainer e Marcelo Ferraz, dupla de jovens arquitetos à qual se agrega Marcelo Suzuki durante a obra do Sesc. Em 1990, começa o projeto para a nova sede da Prefeitura de São Paulo, que compreende a restauração do Palácio das Indústrias e a construção de um edifício para substituir um dos viadutos do Parque Dom Pedro II. Lina morre em 1992, com as obras desse projeto suspensas por razões políticas.

coordinating the *Habitat* magazine, an editorial landmark in the field of arts and architecture from the 1950s and the 1960s. In 1951 she is naturalized as a Brazilian citizen and also completes her first built design: the Glass House, where the couple resides until the end of their lives in the 1990s. Her interests for popular culture takes the architect to Bahia, where she operates in two phases. The first one, from 1958 to 1964, she develops her first desing for the Solar do Unhão's restoring, and creates the Museum of Modern Art at Bahia. The second, from 1986 to 1989, she designs several interventions for the city's historic center. Some of her main works are the MASP (1958-68) and SESC Pompéia (1977-82). Since 1976, she relies on collaborations with André Vainer and Marcelo Ferraz, a group of young architects accrued by Marcelo Suzuki during the building of SESC. In 1990 she starts the new São Paulo City-Hall, which included the restoring of the Industries Palace and the constructing of a building to replace the viaducts in Dom Pedro II Park. Lina dies in 1992 while the building of this last work remained suspended for political reasons.

INSTITUTO BARDI / CASA DE VIDRO

Conselho de administração | Executive board
Sonia Guarita do Amaral – *presidente / president*, Alberto Mayer, Anna Carboncini, Eugenia Gorini, Giusepe D'Anna, Lucien Belmont, Maria Cattaneo, Nelson Aguilar, Renato Anelli

Conselho fiscal | Fiscal board
Vitor Megido, Natalie Sequerra

Diretoria | Directors
Waldick Jatobá, *diretor-presidente / executive president*, Sol Camacho, *diretora técnica e cultural / technical and cultural director*

IAU USP
Miguel Antônio Buzzar, *diretor / director*, Joubert José Lancha, *vice-diretor / deputy director*

EXPOSIÇÃO *CASAS DE VIDRO* | *GLASS HOUSES* EXHIBITION
Casa de Vidro, São Paulo,
out. 2017 / October 2017
Elmhurst Art Museum, Elmhurst,
jun./ago. 2018 / June-August 2018
Centro Carioca de Design, Rio de Janeiro,
out./dez. 2018 / October-December 2018

Curador | Curator
Renato Anelli

Co-curadores | Co-curators
Ana Lucia Cerávolo
Sol Camacho

Realização | Realization
Instituto Bardi / Casa de Vidro
Instituto de Arquitetura e Urbanismo da Universidade de São Paulo – IAU USP

Patrocínio | Sponsored by
AGC Vidros do Brasil

Apoio | Support
Associação Técnica Brasileira das Indústrias Automáticas de Vidro – Abividro, The Glass House, Eames Foundation, Farnsworth House, Museu de Arte de São Paulo – Masp, The Getty Foundation, Dpot, Baraúna

Assistência curatorial | Curatorial assistance
Larissa Guimaraes
Roberto Leggeri

Produção executiva | Executive production
Eloisa Mara
Giovanni Pirelli

Design gráfico | Graphic design
Três Design

Maquetes | Models
José Renato Dibo (Coordenação)
Isadora Romano Leoncio
Luiana Cardozo
Aluísio Teles

Apoio Técnico Administrativo | Technical and Administrative Support
Instituto de Arquitetura e Urbanismo da Universidade de São Paulo – IAU USP

Programa Educativo | Educational Program
Auana Diniz
Julia Paccola
Daniel Espirula

Encontro no Masp | Masp Encounter
Lucia Dewey Atwood, *diretora / director*, Eames Foundation
Maurice D Parrish, *diretor executivo / executive director*, Farnsworth House
Scott Drevnig, *vice-diretor / deputy director*, Johnson's Glass House
Hilary Lewis, *curadora chefe e diretora criativa / chief curator and creative director*, Johnson's Glass House
Sol Camacho, *diretora técnica e cultural / technical and cultural director*, Instituto Bardi / Casa de Vidro
Renato Anelli, *membro do conselho administrativo / administrative board*, Instituto Bardi / Casa de Vidro

Apoio | Support
Getty Foundation

ROMANO GUERRA EDITORA
LIVRO *CASAS DE VIDRO* | *GLASS HOUSES* BOOK

Organizador | Editor
Renato Anelli
Sol Camacho

Coordenação editorial | Editorial staff
Abilio Guerra
Silvana Romano Santos
Fernanda Critelli

Assistente editorial | Editorial assistant
Fabiana Perazolo

Design gráfico | Graphic design
Três Design

Preparação e revisão de texto | Text revision
Vanessa Correa

Tradução | Translation
Vinicius Marques Pastorelli

Revisão da tradução | Translation review
Fernanda Critelli

Produção cultural | Cultural production
Giovanni Pirelli
Eloisa Mara

Gráfica | Printing
Rona Gráfica e Editora

A reprodução ou duplicação integral ou parcial desta obra sem autorização expressa do autor e dos editores se configura como apropriação indevida dos direitos intelectuais e patrimoniais do autor.
A editora se esforçou ao máximo para contatar os detentores dos direitos autorais das imagens publicadas neste volume. Em alguns casos a localização não foi possível e, por essa razão, solicitamos que os proprietários de tais direitos entrem em contato a editora.

All rights reserved. Legally constituted exceptions aside, no part of this publication, including the cover design, may be reproduced, distributed, publicly transmitted or transformed by any means, electronic, chemical, mechanical, optical, tape recording or photocopy, without prior permission in writing from both the copyright holders and the Publisher. Infraction of the rights mentioned may constitute an infringement of intellectual copyright.
The publisher made its best effort to get in touch with the copyright holders of the images published in this volume. In some cases the location was not possible and, for that reason, we ask the owners of such rights to contact the publisher.

© Renato Anelli
© Sol Camacho

All rights reserved
Direitos para esta edição
Romano Guerra Editora
Rua General Jardim 645 conj. 31 – Vila Buarque
01223-011 São Paulo SP Brasil
+55 11 3255.9535
rg@romanoguerra.com.br
www.romanoguerra.com.br

Instituto Lina Bo e P. M. Bardi
Rua General Américo de Moura 200
05690-080 São Paulo SP Brasil
+55 11 3744.9902
institutobardi@institutobardi.com.br
www.institutobardi.com.br

Printed in Brazil 2018
Foi feito o depósito legal

FOTÓGRAFOS | PHOTOGRAPHERS

André Marques
p. 142-143

Marina D'Império
p. 47 (acima, dir. / up, right), 49 (acima, esq. / up, left), 51 (acima, esq. / up, left), 55 (acima, esq. / up, left), 62, 70, 82, 86 (acima / up), 86 (abaixo, dir. / down, right), 128

Nelson Kon
p. 41, 42, 55 (abaixo, esq. / down, left), 79 (dir. / right)

Renato Anelli
p. 4-5, 51 (acima, dir. / up, right), 72 (abaixo / down), 73 (abaixo / down), 103, 124, 125, 126

Valentina Moimas
p. 16

ACERVOS | ARCHIVES

Centro Studi e Archivio della Comunicazione, Università degli Studi di Parma
p. 80

Eames Foundation
p. 47 (acima, esq. / up, left), 47 (abaixo / down), 84 (Timothy Street-Porter), 85, 86 (abaixo, esq. / down, left), 89 (acima, esq. / up, left), 89 (abaixo, esq. / down, left) (Charles Eames, 1951), 91, 93, 95 (dir. / right)

Instituto Bardi
capa / cover (colagem), **p. 2-3** (Francisco Albuquerque, 1952), **45** (abaixo / down), **55** (dir. / right) (Peter Scheier, 1951), **57, 59** (reprodução Hans Gunter Flieg), **75** (acima / up), **76** (esq. / left) (Peter Scheier, 1951), **76** (dir. / right), **77** (Paolo Gasparini, 1970), **78, 79** (esq. / left), **81, 88, 89** (acima, dir. / up, right), **89** (abaixo, dir. / down, right), **90, 92** (acima / up) (Lina Bo Bardi, abr. 1973), **92** (abaixo, dir. / down, right) (Rômulo Fialdini, 1978), **94** (Marcelo Ferraz)

Prints and Photographs Division
Library of Congress
p. 49 (dir. / right) (Carol M. Highsmith, 2005), 49 (abaixo, esq. / down, left) (Carol M. Highsmith), 64 (Carol M. Highsmith), 97 (Carol M. Highsmith, 2009)

The Glass House / National Trust for Historic Preservation
p. 51 (abaixo / down) (Robin Hill), 53 (acima / up) (Robin Hill), 53 (abaixo, esq. / down, left) (Michael Biondo), 53 (abaixo, dir. / down, right) (Robin Hill), 69, 140-141 (Robin Hill)

The Getty Research Institute
p. 45 (acima / up), 52 (Philip Johnson), 67, 72 (acima / up) (Arnold Newman), 73 (acima / up) (Ezra Stoller, mai. 1947), 74 (reprodução Philip Johnson), 75 (abaixo / down), 92 (abaixo, esq. / down, left) (George Kunihiro, 1992), 95 (esq. / left)

NE. Depositada no Arquivo Philip Johnson do Getty Research Institute, a ampliação fotográfica original de Philip Johnson visitando o Templo Ryōan-ji (p. 92, abaixo, esq.) está invertida; nesta publicação ela foi impressa na orientação correta. EN. Archived in Philip Johnson Papers at The Getty Research Institute, the original photographic enlargement of Philip Johnson visiting Ryōan-ji Temple (p. 92, down, left) is inverted; in this publication it was printed in the right orientation.

The Museum of Modern Art, New York / Scala, Florence
p. 44, 56, 58, 60, 61, 65, 66

Wiki Commons
p. 17, 18, 19

REDESENHOS | REDRAWINGS

Isadora Leoncio e Roberto Leggeri
p. 46-47, 48-49, 50-51, 54-55

Roberto Leggeri
p. 63, 68, 71, 83, 87

Anelli, Renato
  Casas de vidro / Glass Houses / Renato Anelli, Sol Camacho, orgs.; prefácio: Barry Bergdoll. – São Paulo: Romano Guerra Editora, 2018.
  144 p. il.

  ISBN: 978-85-88585-79-9

  1.Casas – Vidro. 2. Casas – Século 20 – Brasil. 3. Casas – Século 20 – Estados Unidos. 4. Bardi, Lina Bo, 1914-1992. 5. Johnson, Philip, 1906-2005. 6. Mies van der Rohe, Ludwing, 1886-1969. I. Camacho, Sol. II. Bergdoll, Barry.

CDD - 728.3
Dina Elisabete Uliana – CRB-8/3760

Pág. 2-3
Casa de Vidro, entrada principal, São Paulo SP. Lina Bo Bardi, 1949-51
Glass House, main entrance, São Paulo SP. Lina Bo Bardi, 1949-51

Pág. 4-5
Casa Farnsworth, Plano, Illinois.
Mies van der Rohe, 1945-51
Farnsworth House, Plano, Illinois.
Mies van der Rohe, 1945-51

Pág. 140-141
Casa de Vidro, área de estar, Nova Canaã, Connecticut. Philip Johnson, 1949-50
Glass House, living room, New Canaan, Connecticut. Philip Johnson, 1949-50

Pág. 142-143
Casa Eames, Los Angeles, Califórnia.
Charles e Ray Eames, 1945-49
Eames House, Los Angeles, California.
Charles and Ray Eames, 1945-49

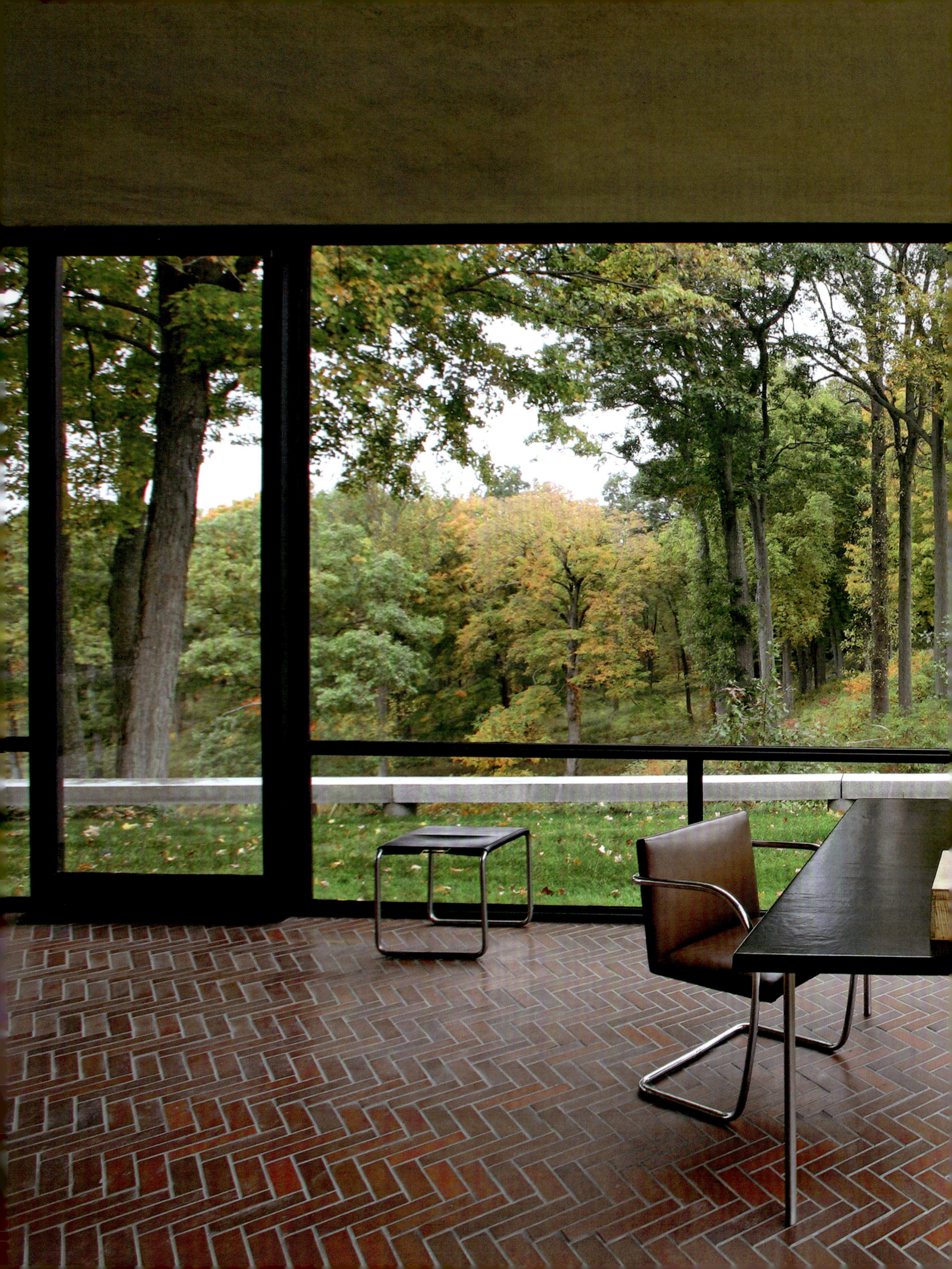

Este livro foi composto em Roboto e Roboto Slab.
Impresso em papel Couché Fosco 150g/m² pela Rona Editora.

This book was composed in Roboto and Roboto Slab.
Printed on Couché Fosco paper 150g/m² by Rona Editora.